# 「虚構世界」と「現実世界」

「小説を読む」と「異文化コミュニケーションを学ぶ」を繋ぐ

青木 順子

大学教育出版

# はじめに

　現在、一般的な大学における異文化コミュニケーション教育の場面では、異文化コミュニケーション力をつけるための有効な手段として、現代社会の問題を、報道メディアを使って考察していく方法が一般的である。最新の出来事に関するニュースが世界に瞬時で伝わる今、自分の属する文化と他文化の関係を客観的に理解し、国際社会で活躍できるだけの異文化コミュニケーション能力をつけてもらうには、「現実世界」を伝える新聞や雑誌等の報道メディアによる学習だけで十分であるとも言われている。しかし、それは、文学作品のような「虚構世界」が、異文化コミュニケーションの問題を理解する手段として全く不要であるということを意味しないはずである。多くの小説が、時代を超えて、文化を越えて、私達の心を動かし、人間的現実を反映しているがゆえに、多くの言語に翻訳され、私達に影響を与えてきたことを否定できるものは誰もいないのである。この本の目的は、文学作品と異文化コミュニケーションとは、よく言われているように対極にあるものではないことを示すことにある。
　そのために、本書では、英文科において英語で書かれた原作である「小説を読むこと」と現在の世界の問題を積極的に取り上げる「異文化コミュニケーションを学ぶこと」という二つの要素を橋渡ししようとする。ともすれば、英文科の授業で読む小説は、内容読解をさせるための単なる英語力の養成用教材として、または、文化の産物あるいは文化遺産として時代の作者の思想を学習するための教材として、扱われているというような両極端の状況が大学の教育現場で存在する。それはそれで授業目的によって十分意味がある。ただ、「小説を読むこと」と、現代社会と文化の抱える問題を実際に現在進行形で起こっている出来事を追うメディアを通して考えていかなければならないとされる「異文化コミュニケーションを学ぶこと」を積極的に結びつけた考察は、まだ

他に例がないと考える。そこで本書では二つの目的を有機的に結合させようと試みたのである。最初の目的は、はるか過去に書かれたものであれ、最近の話題作であれ、現在の社会の中で人々が抱える問題との関連において、人間と社会をより深く理解させる小説読解を実現するという目的である。二番目の目的は、原作の小説を読むことにより、実質上世界の共通語となっている英語力の育成という技能をつけることも図る必要を満たし、同時に、現実の世界の問題を認識させるという異文化コミュニケーション力をつけるという目的である。これら二つの目的が同時に満たされるとしたら、大学生にふさわしい知的なチャレンジとなる小説読解の授業例の一つとはなるだろう。

　この本では、三つの基準を設けて、扱う小説を選んでいる。一つ目は、マイノリティグループ——異文化コミュニケーション問題のキーとなるべきグループ——を扱う、主に、移民、子ども、女性、ヒーローを中心にした小説を中心に選んである。二つ目は、学生に興味を持たせるという理由で、そして、それこそが今一番子ども時代から「読書離れ」をしている学生が多い「小説を読む」クラスに求められていると思うのであるが、話題性に富む——例えば、原作の映画版がアカデミー賞を最近取った、世界的に話題になった文学に与えられる有名な賞をとった——小説を使うようにつとめている。三つ目に、普遍性がある——学生が当たり前によく知っているかのように口にする人物の登場する——小説も使うよう試みている。「異文化コミュニケーション」の問題そのものが、現代社会のものでありながら、同時に多くが、時代を超え、文化を越えて、普遍的な文化と社会の問題でもあり続けていることを考えると、扱う小説の選択基準がそうなるのは当然かもしれない。

　また、紙面の許す限り、原作の小説のコミュニケーションを映画版のコミュニケーションとも比較している。小説でのコミュニケーションが、映画という異なるメディアでは変えられる必要があることは確かである。その変更箇所の良し悪しについて評価することには、主観性の問題がいつでも存在するだろう。あくまでも本書における目的は、意図的に小説から映像作品に残された、変更された、または、さらにあらたに発展された、コミュニケーションを例として挙げ、特に、文字から映像へと、メディアを変えながらも、姿を変えずに

残されているコミュニケーションの本質を指摘することにある。勿論、原作を映画化する際に、変化し損なわれてしまう部分もあるだろう。しかし、文字から映像とメディアを変えることで変化したり、しなかったりするコミュニケーションを見ていくことで、文字による「虚構世界」が映像の作り手にインスピレーションを与え、そこから別の「虚構世界」が生み出され、さらに現在進行形の問題と関わる形で、「現実世界」の問題を抱えている人々の共感を得ている過程を理解し、現代社会に生きる人々の共感を得ていることが何なのかを考察することもできるのではないかと考える。

結局、小説とコミュニケーションを対極に置くのではなく、今を生きる人々に何が共感されるものとして残されうるのかという点で小説のコミュニケーションを読み取っていくことが、どちらの学問の進化のためにもふさわしいアプローチなのであろう。小説を読む場においても、異なる者とのコミュニケーションを考える場においても、こうしたアプローチで見えてくることは多々あり、それを学生と共有していくことができればと考えている。

1～7章と10章では、小説を読みながら、そこに見られるコミュニケーション問題を実際に大学の教室内で論じていくという形式を想定し、小説を読む行為を通して異文化コミュニケーションの主な問題にスポットライトを当てることで、今私達が生きている現実世界における様々な問題に導くという形を取る。8章と9章では、扱うテーマの性質のため、反対に、先に現在の異文化コミュニケーションの問題を考察し、その後で小説を引用している。

最後に、スムーズな読解と考察を可能にするために、この本では、一貫して以下のように記述してあることを記しておく。

① 小説の邦訳本が出版されている場合は、参考までに、その邦題を原題の後にすぐ続けて記してある。邦題が記されてない場合は、邦訳本が今のところは出版されていないと思われることを意味する。
② 小説から原文を抜き出した場合は、(注)をつける代わりに原文の箇所の後に頁数を記す。
③ 抜き出された原文の後につけてある邦訳は、すべて筆者自身によるもの

である。
④　映画は、日本公開時における邦題のみを記す。

青木順子

「虚構世界」と「現実世界」
――「小説を読む」と「異文化コミュニケーションを学ぶ」を繋ぐ――

# 目　次

はじめに ·················································································· i

1章　文化——異文化に語られる・生きるヒーロー—— ······················ 1
　　1. 文化・異文化　1
　　2. オリエントなるもの　3
　　3. 自分の立つ位置　5
　　4. 異文化に生きる　10

2章　コミュニケーション
　　——不平等なコミュニケーション条件を持つヒーロー—— ············ 15
　　1. コミュニケーション　15
　　2. 「世界中の女性に愛され共感される」女性像　17
　　3. 不公平なコミュニケーション　20
　　4. 優れたコミュニケーション　22
　　5. 映画『ブリジット・ジョーンズの日記　きれそうなわたしの12ヶ月』で失ったもの　24
　　6. 映画で示された自己決定権　27
　　7. 変わらないコミュニケーション条件　29

3章　自己概念——ヒーローの「自己」と「幸福」の探求—— ············ 32
　　1. 自己概念　32
　　2. 様々な幸福　33
　　3. 自己の選択と説明責任　35
　　4. 幸福と死の選択　39
　　5. 他者の幸福と苦しみ　42
　　6. 普通の人々の誠実なコミュニケーションとは　46

## 4章 言語コミュニケーション
——ヒーローが言語化したこと、言語化しなかったこと—— ……… 48

1. 言語コミュニケーション　*48*
2. 「言語化する」と「言語化しない」の選択　*48*
3. 言語化への選択理由　*52*
4. 問題性　*57*

## 5章 非言語コミュニケーションとステレオタイプ
——選択するヒーロー—— ………………………………… 59

1. 非言語コミュニケーションとステレオタイプ　*59*
2. 不公平な基準　*61*
3. バービー人形　*65*
4. 女性のステレオタイプ——強い女性　*66*
5. ステレオタイプの呪縛　*70*

## 6章 ステレオタイプ
——子どものヒーローに課せられた別れ・死・現実—— ……… 72

1. 子ども時代　*72*
2. 子どものステレオタイプ——必然的な別れ　*73*
3. 子どもに与えられた死　*77*
4. 与えられる理不尽な死　*81*
5. 「子ども時代」の意味　*84*
6. 「子ども時代」の喪失　*91*

## 7章 偏見——偏見と生きるヒーロー—— …………………………… 92

1. 偏見　*92*
2. 偏見のもたらすコミュニケーション　*93*
3. 激しい暴力性と根強さ　*96*
4. 異人への恐怖と愛国心　*98*

5. 他者の受容　*102*

8章　「ヒーロー」
　　──強い正義の「ヒーロー」と「ヒーロー」を支える者たち──　…… *106*
　1. 「ヒーロー」　*106*
　2. 正と負のエゴイズム　*109*
　3. 揺らがない正義　*112*
　4. 「正義」の「ヒーロー」は「強い」　*116*
　5. 「ヒーロー」ではない者に出来ること　*119*
　6. 「ヒーロー」から受ける力　*125*

9章　共同体──共同体と求められる「ヒーロー」──　………… *129*
　1. 正義の解釈　*129*
　2. ロールズの正義論の活用　*132*
　3. コミュニタリアンからの批判　*135*
　4. ロールズの正義論の魅力　*137*
　5. 「動く城」の住人の「正義」　*141*
　6. 異文化コミュニケーションにおける「正義」　*151*

10章　赦し──出来事への赦しに到達したヒーロー──　………………… *153*
　1. 出来事の後　*153*
　2. 出来事の後──「生きる」　*154*
　3. 出来事の後──「生きる」ことを止める　*156*
　4. 「生きる」──出来事の偶然性への赦し　*159*
　5. 赦しえないものとの遭遇　*163*
　6. 虚構世界と現実世界　*166*

あとがき ……………………………………………………………… *173*

＊　上記の章タイトルにおいて、括弧の付いていないヒーローという言葉は、第一義的には「物語の主人公」という意味で使っており、一方「ヒーロー」という言葉は、第一義的には「英雄」という意味で使っている。実際には、ヒーローと「ヒーロー」、どちらも両義的な意味を持って解釈し得る場合が多い。これは、「物語の主人公」と「英雄」それぞれの性質から、必然的に起こり得ることといえよう。

# 1章 文　　化
　　──異文化に語られる・生きるヒーロー──

## 1.　文化・異文化

　「文化」とは何なのか。実は、今まで論文で「文化」という言葉を定義しようとして、その多さに圧倒されたことが何度もある。行動パターン、価値、伝統、習慣、期待などの、よく耳にする定義から始まって、文化人類学的な、文化は人間活動から生みだされた物質文明、精神文化、生活様式という全てを包含するものまで、様々な定義がある。著名な人類学者ホールも、文化の定義について、専門家の間でも「身につけた行動の型、態度、物質的なものの全体」というコアの部分を越えては一致していないという事実から、「定義の普遍性を求めるとなると、他の概念程の具体性を持ち得ない」ということを認めている[注1]。そしてホール自身の『文化を越えて』の中で、「文化は人間にとって一つの媒体である。そして人間の生活は、すべての面で文化と係わり合い、また文化によって変容されている。[注2]」と言う。異文化コミュニケーション学者のサモーバーは、文化は、「何世代にもわたる個人、集団の努力によって多くの人々に受け継がれた知識、経験、信念、価値観、態度、階級、宗教、時間の概念、役割分担、空間の使い方、世界観、物質的な財産などを包含したもの[注3]」であるとする。結局、どの定義を採用するにしても、文化が個々の人間の社会形成の基盤にあり、アイデンティティを形成するのに影響を与えているという点では一致している。「文化を定義せよ」と問われた時点で、その定義そのものを考える過程で、定義付けが難しいということ、にも関わらず、私達が簡単に、まるで一致した意味を持っている言葉であるかのように安易に使用していることに気付くことが、第一の「文化」の理解なのであろう。

何をもって「自文化」に対する「異文化」なのかという問いに答えることも易しいことではない。まず、個人個人が属している自文化の概念枠組みに問いかけることなしには答えることは不可能である一方で、その自文化の体系的な把握には、異文化との比較をして差異を見ることが必要となる。その上、同一現象でさえ、文脈によっては「差異」と「同一性」といった形で発言させることは可能であるという問題はいつも存在する。さらには、実体化されがちな文化集団単位の差のみに注意を向け、その集団内の個人個人の差異を見失うことは、個人が唯一一つの文化集団に属するという誤った認識傾向と相まって、二項対立的思考では捕らえられない「内なる差異」への注目を不可能にしてしまう。自文化の成員は二項対立的概念に回収してしまうにはあまりにも複雑な差異を見せる個々の存在として認識できるのに、異文化の成員については、二項対立図式を当て嵌め、画一的な一般化がたやすく出来る集団として捉えてしまう傾向がある。「人間的な個性が認められる我々」に対して、「個別の顔を持たない、人間的でない彼ら」という図式に陥りやすいのである。

　さらに、人は、複数の異なるカテゴリーに所属し、複数の文化の重なりの中に生きているわけで、文化の重層性なるものも、私たちが「文化」を考える際、考慮しなければならない。例えば、ホフステードのカテゴリー[注4]——国、地域・民族・宗教・言語、性別、世代、社会階級、組織ないし企業を使って、日本人で、日本、広島在住、日本語を話す、女性、40代、既婚、母親であり大学教員である私を二人の甥と比べてみれば、日本人で、中国、大連在住、日本語を話し、中国語を商用で使用、男性、20代、独身、企業勤務の甥と、日本人、イギリス、ロンドン在住、英語と日本語を話すバイリンガル、男性、10代、独身、高校生の甥、とでは、重なるカテゴリーも、重ならないカテゴリーもあることになり、重なるカテゴリーが一番重要なものというわけでもない。個人が、どこを属する文化とするかということは、自分自身がどのカテゴリーに帰属するものとして意識しているか、またはさせられているのかという認識なしでは考えることはできないのである。

　そもそも「文化」そのものも肯定的な性質のみを持つわけではない。ホールが指摘したように、文化には「非合理性」が存在する。この内でも、「文化的

非合理性」と名付けられた、文化によって課せられる慣習や概念枠組みのプログラムに囚われる状態は、広く文化の成員に共有されているために、非合理とは把握されず、正常であると解釈されることが警告されている[注5]。青木も、各文化集団が自己の文化を存在の中核にして差異を作り出そうとする競争が、人類のコミュニケーションを阻害していることを主張し、「文化の否定性」と名づけ警鐘をならしている[注6]。「文化」の肯定的側面の羅列による楽観的文化論に惑わされない、文化の非合理性なるもの、文化の否定性なるものから目をそらさない行為が必要とされているのである。

## 2. オリエントなるもの

文化について考えていけば、「オリエンタリズム」でサイードが提起した問題さえ解決がつくことは期待できないのは明白である。その「オリエンタリズム」の主なドグマが最も純粋な形で存在するというアラブ・イスラム研究から要約したドグマは、以下のようなものである。

(1) 合理的ですすんだ、人道的にしてすぐれた西洋と、常軌を逸し、遅れ、劣った東洋との間に絶対的相違がある。
(2) オリエントに関する抽象観念、とくに「古典的」オリエント文明を表象する諸文献に基づいた抽象観念が、現代オリエントの諸現実から直接引き出される証拠などより常に望ましいものである。
(3) オリエントが永遠にして画一的であり、自己を定義することができない。したがって、西洋の視点からオリエントを叙述するためには、高度に一般的な語彙が不可欠であり、学問的に「客観的」であるという主張がなされる。
(4) オリエントが本質的に怖るべきもの（黄禍、モンゴル遊牧民、褐色人種の統治）であるか、統御さるべきもの（講和、調査、開発、可能ならば完全占領によって）である。[注7]

オリエントは画一的であり、自己を定義することができず、したがって、西洋の視点からオリエントを叙述するためには、高度に一般的・体系的な語彙が不可欠であり、学問的には「客観的」であるという主張がなされる。そこに

は、西洋から見ると、劣った、常軌を逸した、本質的には怖るべきものが存在する。東洋と西洋との二項対立は機能して、西洋人が東洋を表象することで、特にカウンターイメージを割り当てることで、自分自身のアイデンティティも形成し、同一化されない差異を見つけて安心する西洋の傲慢を、サイードは批判している(注8)。

　西洋文学においても、画一的に西洋の視点から描いた「オリエントなるもの」の小説が、どんな時代でも存在しているように思われる。2005年に映画が公開され、2006年3月のアカデミー賞で3部門も受賞した *Memoirs of a Geisha*(注9)(『さゆり』)もそうした現代の小説の例であろう。一人の芸者となった日本人女性の一生が描かれている原作の小説は、映画の公開前は日本ではさほど話題になってはいなかったが、影響力の強いメディアである映画化によって、小説自体も日本語に翻訳されかなり読まれていたようである。この小説など、まさに、「オリエントなるもの」を描いているという印象を受ける。小説は、一人の女性の波乱万丈の人生を描いたという点で、エンターテイメント作品としては非常におもしろい。しかし、西欧圏の読者には、日本を詳細に研究して日本文化に精通したというアメリカ人の作者についての説明があるために納得できるような女性の人生であり、そうした人生がありえることについて現実味を持たせているのが、作家が設定している「オリエントなるもの」、この場合は、「日本なるもの」なのである。作者が、日本での芸者のあり方についても、日本の文化や時代についても研究をしているのは確かであり、いたるところに豊富な日本文化についての知識が説明とともに披露されている。しかし、それらは、結局は、西洋圏から見たエキゾチックな面として紹介され、それからの物語の劇的な展開を可能にする小道具として要所要所に使われる。そうした「日本なるもの」で、主人公の女性の一生の特異性も西洋の読者に納得させられているのである。例えば、さゆりがついに少女時代から慕い続けていた人と結ばれるところで、なぜ彼が今になって彼女に愛を告白できるようになったのかが説明されるが、主人公の生涯をかけた恋愛の成就という小説のクライマックスも、「日本なるもの」──ここでは奇妙で不可思議な運命論なるもの──で簡単に説明されうる。

1章　文化——異文化に語られる・生きるヒーロー——　5

"When I saw you there with the Minister, you had a look in your eyes just like the one I saw so many years ago at the Shirakawa Stream," he told me. "You seemed so desperate, like you might drown if someone didn't save you. After Pumpkin told me you'd intended that encounter for for Nobu's eyes, I made up my mind to tell him what I'd seen. And when he reacted so angrily…well, if he couldn't forgive you for what you'd done, it was clear to me he was never truly your destiny." (p.417)
(「大臣と一緒にいる君に会った時、ずっと昔白河の側で見た時と同じものを見たんだ。」と彼は私に言いました。「途方にくれて、もし誰かが助けなかったら、まさに溺れてしまいそうだった。かぼちゃさんから、君は延君に見せようとしていたのだと聞いて、私は、自分が見たものを彼に言うことにした。彼はあんなにも怒ってしまったからね。もし彼が君のしたことを許せないとするなら、彼が君の運命の相手ではないことは、明らかだった。」)

　最後には、その長年の真の運命の相手である相手を置いて、さゆりがアメリカに移住し、物語の語り手として「オリエントなるもの」としての彼女の生涯を西洋に語るという展開は、作者にとっては必然的な展開なのであろう。アメリカの住人になったさゆりだからこそ、西洋は「オリエントなるもの」の彼女の一生の真実を語ってもらえる機会を得たのだという形にしなければ、そこで語られる理由が存在しないからである。一方、日本人の読者にとっては、説得力のない理由による唐突で不自然なアメリカ移住に映る。さゆりの決意には、日本的であり続けた者がアメリカに住むことへのためらいも葛藤も全く存在しない。全編を通してのさゆりの語りにおいても同じである。極めて日本的に生きたはずの主人公が、極めて西洋的に雄弁に全てを説明する。この小説がまさに「オリエントなるもの」であったことの証明でもある。

## 3.　自分の立つ位置

　「インド」の表象について、繭永が指摘していることがある[注10]。それは、「貧困」「神秘」「文明の源泉」「精神性の極致に位置する」「カースト制」「エロティックなタントラ的宗教」「寡婦が焼身自殺する」「仏教の発祥地」「無歴史」

等些細であるが、それを「イメージとしてのインド」「オリエンタリズムによって作り出された架空のインド」として捨て去り、＜真のインド＞＜現実のインド＞をありのままに知り、ありのままに生きようという考えの、この＜真のインド＞という概念自体が最大の幻想だということである。彼によれば、望ましいのは、以下の姿勢なのである。

> ＜現実＞を＜ありのままに＞生きようとすること自体が、不可能な「無邪気」を装うことであり、結果としての一つの傲慢である。しかし、不可能な＜真実＞な＜現実＞を追究するのではなく、できるかぎり自分のよって立つ位置をわきまえ「自分にとってのインド」を考えようとすることは、無意味なことではないかもしれない。そして、そのためには何よりも、われわれにとっての「インド」イメージをできるだけ克明に、批判的に捉え直すことが必要なのではないだろうか。(注11)

その「自分のよって立つ位置」を認識して、「自分にとっての」「その国」を考えようとすることが、小説で見事になされている時の一例として、*The Namesake* (注12)（『その名にちなんで』）をあげてみたい。作者のジュンパ・ラヒリは、インド系アメリカ人である。両親はインド出身、自身はロンドンで生まれ、アメリカに幼い頃に移住している。移民として二つの文化を経験する人々が、彼女の作品には多く登場する。主人公のゴーゴリは、作者と同じように、インドからの移民を両親とするアメリカ生まれの青年であり、自分の「ゴーゴリ」という名前をずっと気にし続け、結局、「ニキル」と改名してしまう。自分の奇妙な名前――二つの帰属する文化を持つ彼自身、混乱を彼に与えているアイデンティティの象徴ともいえる――を言うのが嫌でとっさに別の名前を言ったゴーゴリの様子はこうである。

> "I'm Nikhil," he says for the first time in his life. He says it tentatively, his voice sounding strained to his ears, the statement turning without his meaning it to into a question." (p.96)
> （「僕はニキル。」と人生で初めて彼は口にする。彼がためらいがちに言うために、彼の耳には、自分の声が引きつっているように聞こえる。言ったことがまるで問いのようになってしまっている。）

法律上の名前を正式に変えることを決意した彼は、判事がなぜ名前を変更したいのか尋ねた時に、咄嗟に答えられないという苦い経験をする。結局、彼はこう答える。

"What is the reason you wish to change your name, Mr. Ganguli?" the judge asks. The question catches him off-guard, and for several seconds he has no idea what to say. "Personal reasons," he says eventually. The judge looks at him, leaning forward, her chin cupped in her hand. "Would you care to be more specific?" At first he says nothing, unprepared to give any further explanation. He wonders whether to tell the judge the whole convoluted story, about his great-grandmother's letter that never made it to Cambridge, and about pet names and good names, about what had happened on the first day of kindergarten. But instead he takes a deep breath and tells the people in the courtroom what he has never dared admit to his parents. "I hate the name Gogol," he says. "I've always hated it." (pp.101-102)
(「なぜ名前を変更したいのですか。ガングリーさん。」と判事が聞く。その質問はまさに不意打ちである。数秒間、彼は何と答えていいかわからない。「個人的理由です。」彼はついにそう答える。判事は彼を見て、前に乗り出し、あごに手をあてる「もう少しきちんと言って頂けますか。」最初、彼は何も言わない。それ以上の説明を与える用意がないからである。判事に入り組んだ話をどのように言うことが出来るのかと考える。ケンブリッジまで届かなかった曾祖母の手紙、愛称と通称のあること、そして、幼稚園の最初の日に起こったことについても。しかし、代わりに、彼は深く息を吸って、法廷にいる人々に言う。彼の両親にはどうしても認めることができなかったことである。「ゴーゴリという名前が嫌なのです。」彼は言う。「ずっと嫌だったのです。」)

　二つの文化を持つ彼の幼い頃からの経験や思いは、そうではない判事には簡単には説明できないことであり、まして、その説明できないことによって引き起こされる心の葛藤のために、彼は自分の名前を嫌なのだという思いを持つようになったのであるから、他者に簡潔に説明することは到底不可能な事なのである。その後、名前を変えた後で、父親がその名前をつけた理由――単なる好きなロシアの作家というだけではなく、列車事故で九死に一生を得た父の手にあった本である――を彼は知ることになる。名前の由来を聞いた後には、父にとって生死の境で大きな意味を持った名前を変えてしまったことに対して、罪の意識を時折感じることになる。

この小説の人間関係には、名前についての彼の思いが、ずっと関わってくる。ある日、同じような二つの文化背景を持っている妻のモウシュミが、友人達の集まるパーティーでゴーゴリが名前を変更したことを突然言い出し、ゴーゴリを驚愕させる。

"Nikhil changed his," Moushumi blurts out suddenly, and for the first time all evening, with the exception of the opera singers, the room completely quiet. He stares at her, stunned. He has never told her not to tell anyone. He simply assumed she never would. His expression is lost on her; she smiles back at him, unaware of what she's done. The dinner guests regard him, their mouths hanging open in confused smiles. (p.243)
(「ニキルは自分の名前を変えたのよ。」モウシュミは突然言い始める。そしてオペラの時を除いては、その夜初めて部屋が完璧に静かになる。彼は彼女を驚いてじっと見つめる。一度も彼女に誰かに言ってはいけないと言ったわけではない。ただ、しないだろうと思っていた。彼の表情は彼女には読み取れない。自分がしてしまったことにも気づかずに、彼女は微笑み返すだけだから。客達は、口をあけて困ったような笑顔で、彼を見る。)

彼にとっては他者に語れない経験そのものであったのに、今、いとも簡単にモウシュミは他者に話題として提供したのである。妻の発言を全く予期しないものとして受け止める彼が今認識せざるをえないのは、名前にまつわる出来事に対する彼の思いを妻は理解しているはずだと彼は勝手に仮定していたが、実はそうでないという事実であろう。その場でモウシュミの友達から名前の由来を聞かれたゴーゴリは、かつて判事に答えられなかったように、答えることが出来ないのを感じる。

He thinks back to the story he cannot bring himself to tell those people, at once as vivid and as elusive as it's always been: the capsized train in the middle of the night, his father's arm sticking through a window, the crumpled page of a book clutched in his fist. It's a story he'd told Moushumi, in the months after they'd first met. He'd told her of the accident, and then he'd told her about the night if father had told him, in the driveway at Pemberton Road. He'd confessed to her that he still felt guilty at times for changing his name, more so now that his father was dead. And she'd

assured him that it was understandable, that anyone in his place would have done the same. But now it's become a joke to her. Suddenly he regrets having ever told Moushumi; he wonders whether she'll proclaim the story of his father's accident to the table as well. (p.244)
(彼は他の人々に語ることができない話に思いをめぐらせる。いつもそうであるように、鮮明なのに、つかみどころがない話なのだ。真夜中に転覆した列車、窓から突き出された父の腕、手に握られているくしゃくしゃの本のページ。会って数ヶ月後にモウシュミには話したのだ——事故のこと、ペンバートン通りの家の前で父が彼に話した夜のこと。名前を変えたことに対して時に罪の意識を感じること、父の死後はなおさらなのだということも言った。そして彼女は理解できると言ったのだ。彼の立場であれば誰でもそうしただろうと。でも今それは彼女にとっては冗談のようなものなのである。突然彼はモウシュミに言ってしまったことを後悔した。父の事故の話も、同じように彼女はみんなに披露するのだろうかと思った。)

　かつて、名前を変えたことに対する父への罪の意識を話した時に、「理解できる」といってくれた妻は、パーティーで平気で他の人々に彼の名前の変更について語っている。二人が共有しているはずと信じきっていたゆえに、個人としての二人の差を鮮やかに見せ付けることで、彼に強いショックを与える。同じような文化背景を持つ二人として結ばれた、その二人に違いがあったことも明瞭に示されしまった。彼がさらに認めなければならないのは、彼自身の文化背景からくる思い自体が妻には同じようには理解されていないという事実であり、同時に、彼には理解できていない部分が妻にも多く存在するであろうということである。後にモウシュミ自身も不倫という行為の過程で、自分の文化背景について思い巡らすことになる。自分のような文化背景の一族にそういう類の不倫行為をした者がいたのか、否いなかっただろう、と自問しながら、自分の行為が一体どこから来るのかを考える瞬間を彼女もまた、たった一人で持つことになるのである。「自分のよって立つ位置」を認識し、「自分にとっての」「その国」を考えようとすることを、一度も意識して彼等がしているわけではない。しかし、ゴーゴリもモウシュミも、生きていく上で、二つの文化の持つ意味と、自分という個の関係を考え、自分の中に自然に湧き上がってくる感情が一体どこから来るのか考えるしかない。この過程のようなものが、

*Memoirs of a Geisha* では、主人公がアメリカに移住して、そこから日本での過去の自分についての出来事を語りつつも、全く存在しなかったのも、それが終始日本を見る西洋からの視点で「オリエントなるもの」について書かれた小説である以上、また必然的なことだったのである。

## 4. 異文化に生きる

　上記に挙げた同じラヒリの短編 *When Mr. Pirzada Came to Dine* [注13] (『ピルサダさんが食事に来たころ』)には、インド系アメリカ人の10歳の少女が、夕食を共にするために訪ねてくる男性ピルサダさんの母国に残してきた家族を思う様を理解することによって、そこに別の文化、そして彼女自身も帰属する一つの文化、に気づく過程が描かれている。当時、妻と娘を残して国費でアメリカに留学している大学講師のピルサダさんは、炊事設備も十分でない院生用のアパートに住んでいて、テレビもないため、両親は彼を毎夜夕食に招いている。両親と同じ言葉を話し、同じ食習慣を持ち、同じようなジョークに笑う、そのピルサダさんが、インド人ではなく、「ベンガル人で、イスラム教で、東パキスタンに住む」ことを、両親から聞いても、最初は、はっきりイメージすることができないほど、その場所の地理にも情勢にも疎いのは、典型的なアメリカ人の子どもと一緒である。そんなある日「東パキスタンの独立戦争」が起こる。テレビのニュースでの東パキスタンの悲惨な映像を居間で一緒に見、ピルサダさんが残してきた家族を心配しているのを見る中で、彼女は、自分の家の居間ではみんなが関心を持っているこの戦争も、学校では誰も話題にしさえしないことに今さらながら気づく。ハロウィーンでお菓子を集めて帰った夜は、期待した家族の出迎えもなく、居間では、そのパキスタンの状況が緊迫しているというニュースをピルサダさんと両親が並んでじっと見ているのを発見する。ピサルダさんの様子は少女の目からもいつもよりずっと悲しそうで違って見える。しかし、少女が気づくのはそれだけではない。この戦争の間、両親でさえ、いつもの暮らしをしないことである。「ニュースを見なさい。」と言わな

くなった父、ご馳走を並べなくなった母、インドの親類に電話をして、ピルサダさんの国、東パキスタンの状況を聞こうと、真夜中に声を張り上げている両親、という事実である。

Most of all I remember the three of them operating during that time as if they were a single person, sharing a single meal, a single body, a single silence, and a single fear. (p.41)
(そして何よりも、その時期、3人は、食事も、身体も、沈黙も、恐怖も一緒の、まるで一人の人間のように動いていたのを覚えている。)

彼女もまたピルサダさんの帰国後、ハロウィーンで取っておいたキャンディを彼の家族の無事を祈って寝る前に一つずつ食べる。ピルサダさんから家族との再会のことを記したカードが来た日は、彼女の家族みんなでお祝いをする。

Though I had not seen him for months, it was only then that I felt Mr. Pirzada's absence. It was only then, raising my glass in his name, that I knew what it meant to miss someone who was so many miles and hours away, just as he had missed his wife and daughters for so many months. (p.42)
(何ヶ月も彼には会っていなかったのだけれど、ピルサダさんがいないのを感じたのは、まさにその時だった。彼のために乾杯のグラスを挙げた時、遠く離れている人を思うということはどんなことがわかった。丁度、彼が長い月日、奥さんや娘さんがいなくて寂しかったのと同じように。)

彼女が認識するのは、その国に存在する人間の生であり、自分の立っている場から理解できる「自分にとっての」「その国」であり、「そこの人々」なのである。この小説を読むと、明らかに「オリエントなるもの」を描いたものとは違うものが描かれていると感じるのは、出来事を見ているのが、その出来事の内部にある目であって、西洋からの目ではないからであろう。そこにあるのは、文化の重層性の中に生きる普通の人々の思い、そして文化の狭間で左右される中での個人の人生の選択なのであり、どの出来事も、ことさら西洋の視点から見ることで起こる派手なエキゾチックな色合い――それがしばしば簡単に

ドラマティックなるものを小説の中に生ませることはできるのだが——をつけられていないのである。同時に、心を打たずにはいられないのは、アメリカに生まれ育ち、ハロウィーンに興じ、アメリカ文化をそのままに受け入れているように見え、同時に、図書館でパキスタンの本を一人でこっそり調べてみる、この少女も、アメリカでの仕事に慣れて故国に帰る気もないけれど、名前を頼りに電話帳で故郷からの人々を探しては、もてなそうとする彼女の両親も、故郷の心配事の最中でも、いつも背広姿できちん応対し、帰国後、"Thank you" という英語では、感謝の気持ちは伝えきれないと書いてきたピルサダさんも、「オリエントなるもの」を見たがる西洋の視点では計り知れない、語り得ない努力で、文化の重層性を生き抜いているという事実が見えてくるからであろう。

その努力がいかに大きく英雄的とさえいえるのかについて、ラヒリの別の短編 The Third and Final Continent (注14)(『三度目で最後の大陸』）で、主人公の一人にこう独白させる箇所がある。

In my son's eyes I see the ambition that had first hurled me across the world. In a few years he will graduate and pave his way, alone and unprotected. But I remind myself that he has a father who is still living, a mother who is happy and strong. Whenever he is discouraged, I tell him that if I can survive on three continents, then there is no obstacle he cannot conquer. While the astronauts, heroes forever, spend mere hours on the moon, I have remained in this new world for nearly thirty years. I know that my achievement is quite ordinary. I am not the only man to seek his fortune far from home, and certainly I am not the first. Still, there are times I am bewildered by each mile I have traveled, each meal I have eaten, each person I have known, each room in which I have slept. As ordinary as it all appears, there are times when it is beyond my imagination. (pp.197-198)
(息子の目に、最初に私を世界へ出させた時の野心が見える。数年もたてば、彼も卒業し自分の道を歩むだろう。たった一人で守ってくれるものもなくだ。だが、彼には、父親が生きていて、幸せでたくましい母親がいる。彼が失望している時には、こう言うだろう。私は3つの大陸を生き抜いてきたんだ、おまえに乗り越えられない障害なんてないと。宇宙飛行士は、永遠のヒーローだが、月にいたのは数時間だけだ。私は30年近くこの新世界に居る。確かに、私はたいしたことを成し遂げたわけではない。故郷から離れ自分の将来を

求めたのも私だけではないし、私がその最初の人間というわけでもない。それでも、自分が旅した距離に、食べてきた食事に、知り合った人に、寝泊りしてきた部屋に、その一つ一つに自分でも驚くような気持ちになることがある。普通に見えるけれど、自分の想像を超えることだと思う時があるのだ。)

　そもそも異なった文化に生きるということは、大いなる挑戦なのであるが、さらにそれは、「オリエントなるもの」を見続けることを止めようとしない西洋でなされたのだ。その上で、良く生きるということは、ラヒリがこの短編でインドからアメリカに移住した男に語らせているように、まさに月旅行を上回ることなのだろう。世界には、故郷を後にして移住し、異なる文化の中で生きる人が沢山存在する。移民という言葉で括られるその人々は、西洋が劣っていると見なした自文化に向ける視線に耐え、複数の文化が織り成して創る文化の重層性の存在を認めながら、その中で生きることの出来る人間の柔軟さと強さを持ち、それによって人間の持つ可能性の素晴らしさを示しているのである。月旅行の宇宙船に乗る飛行士の勇気に私たちはいつも圧倒される。未知の危険、不安、出来事、というものに耐えることができる人々なのだ。しかし三つの大陸で30年以上生き続けることができた彼のような人々も、月に数時間いた宇宙飛行士と同じように、未知の出来事、危険、不安に打ち勝って生きてきた尊敬に値する人々なのである。そして彼等の旅は何十年も続くのである。

　2006年のワールドカップで、日本代表のサッカーチームと対戦したオーストラリア代表のサッカーチームには、旧ユーゴスラビアの内戦時にオーストラリアへ移住したクロアチア人の選手が何人もいるのを知った。丁度同じ頃、海外に住んでいる日本人を毎回特集する『ポカポカ地球家族』という土曜日の夕方に放映されるテレビ番組で、国際結婚をして長い間クロアチアに住んでいるという日本女性が出ていた。民族間の紛争時には、国に留まることを選んだ夫を残し、娘と一緒に彼女もまたオーストラリアに逃れている。「戦争が始まる前は、自分がクロアチア人だと思っていた。でも、戦争がおきて、自分がそうでないことがわかった。」彼女は淡々とそう言っていた。また、同じワールドカップでの最終戦で、その8年前のワールドカップでは、優勝により多文化融

合の成功例のように称えられたフランスチームの、最も有名な移民のプレーヤーでヒーローとして持ち上げられていたジダンが、イタリア選手の侮蔑の言葉に頭突きで応答し、現役最後の試合から退場させられるという事件も起きた。ジダンによって後で否定こそされたが、当初は人種的侮蔑の言葉ではなかったのかと噂され、最終的にジダンがイタリア選手に言われたとされる言葉も、文化的に下であると見下されてきた人々が特に敏感に反応してしまう、身内の女性を侮蔑する言葉の類であったことがわかった。優れているとされる文化に、より良く生きるために移り住むことは、こうした危うさの中に住むということでもある。その危うさの不安や動揺の中で、自分の日々の営みを自分らしく選んで生きるということでもある。ワールドカップで誰もが当たり前のように応援する日本という国を持つ自分の立場が、そうした人々とまた違うことに私たちが気づかなければ、文化の重層性ということを日々感じながら移民として真摯に生きざるを得ない、そうした多くの人々については忘れたままであり、ましてその思いに気づくこともないままに、この世界を理解し続けるのであろう。これもまた世界にとって、とても危ういことなのである。

## 2章　コミュニケーション
――不平等なコミュニケーション条件を持つヒーロー――

### 1. コミュニケーション

　文化の定義が無数にあるように、コミュニケーションにもまた多くの定義が存在し、文化と同じく、一般的には会話という意味合いで、親子のコミュニケーション、夫婦のコミュニケーションというように日常的に頻繁に使われる言葉でもある。

　なぜ私達はコミュニケーションをするのだろうか。幾つかを挙げれば(1)自分自身についてもっと学び、(2)周りの世界をもっと学び、(3)他の人々と世界を共有し、(4)他の人に影響を与えるため、であろう。どの理由でコミュニケーションするのであれ、人間相互の意味交換としてのコミュニケーションは、社会的存在である私達の存在そのものにも関わっている。私達はコミュニケーションを止めること自体が出来ないのであり、どんなコミュニケーションでも、何の意味もなく存在することは不可能である。例えば、上記に挙げた四つの目的に入らない類のコミュニケーションも多い。何を話すというでもなく、ただ話すという感覚、話し続けて、ただ親しさを確認するような会話、後になると何を話したかは思い出さないけれど、リラックスした気分が残るような会話――これもコミュニケーションである。ベイトソンが、コミュニケーションのそうした意味を以下のように述べている。

　　AとBと話す場合のコミュニケーション行為は"コミュニケーションをしている"との意味も伝えており、そうしてこれこそが最も重要な、送り出され、そして受けとられるメッセージなのである。思春期の子供たちが交す冗談や成人の常套的科白は客観的情報の交換

を目的としない。余暇時の会話もお互いの絆を確かめるためのものだ。「雨がふりそうだね」、「何か大きいニュースはないかい」等と事実を聞いているように見えても、話し手の関心は他者とコミュニケーションをすることにある。(注1)

　この意味では、「コミュニケーションを避けていない」というポーズのために話さなくてはいけないというプレッシャーを持つこともあり得る。「私は用もないし親しくもないけれど、あなたと話したくないのではありませんよ」という意味を伝えなくてはいけないから、無理をして話し続ける(注2)。
　個々の人間が上記のようにコミュニケーションで相手へ与えてしまう意味に慎重になるのは、相手のコミュニケーションの意味が自分自身の気持ちに与える影響が大きいことを認識しているからだといえよう。タイヤがパンクして道端で苦労している場面で、「パンクですか」と近寄ってくれる青年のコミュニケーションについて、心理的な意味をハヤカワが紹介している(注3)。青年が明らかに手伝う意図を持って近づきながら、なぜ「お手伝いしましょうか？」と素直に聞けないのか——それは、人々は臆病であり、互いの声を聞くことで自分と同様であるという保証を必要としている、そして手伝いを申し出て無礼に扱われることは嫌であり、まず、あなたが私と同様に礼儀があり、親切を受け入れるような人か見たい——という心理があるのだと言う。かつて新聞の投書でこんなことが書いてあるのを読んだ。「見知らぬ人に道を尋ねる時、無意識のうちに親切そうな人を選ぶ。無愛想に答えられると、嫌な気がするからです。」というような内容だったと思う。「正確に目的地への道を教えてくれそうな」人を選ぶより「無愛想に答えない」ということを優先することでわかるように、コミュニケーション相手を選択する際の一番の基準は「気持ちのよいコミュニケーションをしてくれる人」ということなのである。私達のコミュニケーション活動の根底に、相手のコミュニケーションによって自分が持つだろう気持ちへの考慮がある。もちろん気持ちよく感じたい、嫌な気持ちにはなりたくない、という大事な基準があるのである。

## 2. 「世界中の女性に愛され共感される」女性像

　*Bridget Jones' Diary* (注4)（『ブリジット・ジョーンズの日記』）は、映画版の方をビデオで最初に見たのだが、主人公に共感してストーリーを追い、彼女が幸せをつかむ最後では、彼女に共感し、本当に良い気分になるという感じであった。「ブリジット的な生き方」が「世界中の女性の共感を呼んだ」とか、主人公が「世界中の女性に愛された」といわれる小説の映画化であるから、ごくごく普通の女性としての私が、そこでまさしく典型的な反応をしたわけである。小説をすぐに読んでみて、映画の方が強く女性にアピールするのではないかとは思った。小説では、日記スタイルでブリジットの一年にわたる日々が、丁寧に全て語られているので、一人の女性の状況や気持ちや彼女そのものがストレートな形でみえてはくるが、あくまでも、ゆっくりとしたペースである。映画では、語り手がブリジットでない上、彼女の生き方は、他者とのやり取りを中心に少ないエピソードで伝わらなければならない。小説にあるブリジットの魅力を映画でも維持し、それ以上にストーリー展開に映画という映像メディアならではの強い感情移入できる利点を生かしてあるといえよう。主人公像も大まかな恋の顚末も小説と映画では同じようであるが、映画の最後は小説に全くないエピソードが出てきて、ブリジットにすでにかなり感情移入して見ている者たちが、ブリジットが一番打ちのめされ落ち込んだ出来事の後で、ついにハッピー・エンドに至るという急展開に、ああ本当に良かったと強く感じるようにしてあるわけで、情緒的面に強く働きかけるものとなっている。この社会現象ともなって大ヒットした小説のブリジットのコミュニケーションとは元々どのようなものか、それらは映画にどのように残されたか、を考えることで、多くの女性が愛し共感した「ブリジット的な生き方」の魅力を、コミュニケーションの観点から解き明かしてみたい。この考察には、シリーズ化されて出された2作目の *Bridget Jones: the edge of reason* (注5)（『ブリジット・ジョーンズの日記　きれそうなわたしの12ヶ月』）も入れてある。

　共感の理由として、彼女が多くの読者にとって等身大の姿に見えていること

が挙げられるだろう。その第一に、彼女が、私たち大多数の者と同じで、いわゆる完璧ではないことを挙げることはできる。小説を通して見られる姿——かなりのうっかり屋で信じがたいような間違いや勘違いをする、思わず弱気になって後で後悔する、日記で反省してがんばることを誓うが、同じことをしてしまう、反省しながら、時にはさらに弱気になったりして揺らぐ——と並べてみていけば、「あ、私もある」ということは多く見つかる。しかし、それが「世界中の女性に共感される」要素であるならば、多くの小説に登場した女性もまたそうなるだろう。

　第二に挙げられるべきなのは、ブリジットの置かれている状況であろう。30代独身ブリジットのような状況に置かれている女性には無神経としか思えないようなコミュニケーションを周りの人々は取り続ける。例えば、若い者を気遣うというスタンスで、"How's your love life, anyway"（p.10）（「ラブ・ライフはどう？」）と会話に唐突に入れるジェフリーおじさんであったり、"You career girls! I don't know! Can't put it off forever, you know. Tick-tock-tick-tock."（p.11）（「もうあなた達キャリア・ウーマンときたら。永久に引き延ばすわけにはいかないのよ。ほら、チクタクチクタクって時間切れになるのよ。」）と言うお節介なウナおばさんであったり、結婚しているというだけで同年輩の独身者を諭せる特権を持っているかのように "How's your love life?"（p.35）と聞き、"once you get past a certain age…"（p.36）（「一旦ある年になるとなあ…。」）と口をはさんだアレックスに、"Exactly…All the decent chaps have been snapped up."（p.36）（「その通り、まともな男はみんな取られちゃっているわけだ。」）と結論付けるコズモウ、そして "Yes, why aren't you married yet, Bridget?"（p.35）（「ねえ。どうして結婚しないの。ブリジット？」）という、本当は答えを期待していないような質問をする彼の妻のフィオーナ。彼らのコミュニケーションがブリジットの毎日には溢れている。

　さらに、共感は、そうした無神経なコミュニケーションに対するブリジット自身の気持ちによっても引き起こされる。ブリジットは、心情を素直に出すことができる日記で、いかに彼女が腹立たしく感じたかを書き綴る。読者は、そこに現れるブリジットの心情を吐露するコミュニケーションに共感するのであ

2章 コミュニケーション――不平等なコミュニケーション条件を持つヒーロー――

る。そもそもブリジットは、無神経であり失礼極まりない彼らの優位なる結婚生活の裏の脆さにも十分気づいている。誰もが、小説で友達のシャロンに言わせている言葉と同じように、そうした状況は自分たちの本質的不幸でなく、社会がそう思わせているだけだということはわかっているのである。

" 'And because there's more than one bloody way to live: one in four households are single, most of the royal family are single, the nation's young men have been proved by surveys to be completely unmarriageable, and as a result there's a whole generation of single girls like me with their own incomes and homes who have lots of fun and don't need to wash anyone else's socks. We'd be as happy as larks if people like you didn't conspire to make use feel stupid just because you're jealous.' " (p.37)
(それに、生き方は一つってわけではないのよ。四家族に一家族はシングル、王室なんてほとんどシングル、この国の若い男性って、調査によると結婚に全く不適だし、結果として、私のようなちゃんと収入があって、家があって、多いに楽しみ、他人の靴下を洗う必要のないシングルの女性がまるまる一世代分いるのよ。羨ましいからってあなた達のような輩が私たちを馬鹿みたいに感じさせるような企みをしなければ、十分幸せなんだから。)

既婚者も実はさほど恵まれた状況にないことには気づいているが、同時に、どんなに気づいても、自分に向けられた意地悪なコミュニケーションに完全に平静でいられるわけではなく、日記でため息をつき、時には後で涙したことを告白する。30代独身としてのあせりや、素敵な恋を経験し結婚へ成就させたいという思いと、そうした思いを強く抱えながらも全くかなえられていない彼女の状況、平気でいたいけれど存在するストレス、回りの人々の独身者への対応にある不公平さへの気づきと、気づいていても揺らぐことは避けられない極めて人間的な感情――これらが、同じ状況に置かれて、おそらく同じように気づき、その中でやはりプレッシャーを感じて揺れるしかない女性の共感を得るのであろう。まさに同じような状況にいる女性に「私もそうなのよ」と何度も大きく頷かせるのだろう。

## 3. 不公平なコミュニケーション

　言語学の本としては珍しくベストセラーにもなったと言われるタネンの本の批判を、『ことばとフェミニズム』で中村が以下のように紹介している<sup>(注6)</sup>。タネンは本の中で、男女の会話のルールが違うために如何に誤解を生み不成功となるコミュニケーションをしているかを、例を挙げて説明し、相手のコミュニケーションのパターンの理解こそが必要なものであると解説しているのだが、こうしたタネンのアプローチは、社会で男性が優勢な地位を確保してきたことの影響を考慮していないという点である。同じく日本でも大学生の英語テキスト用に編集されたタネンの本の一部にこんな例が出ている<sup>(注7)</sup>。ピーターとメアリーという若いカップルが一緒に住み始める。二人で家の用を分担しようとしたが、じきにメアリーはピーターが自分の役割を果たしていないことに気づく。それをストレートに言わないことで、かえってコミュニケーションの理解を阻害してしまう。タネンは、メアリーが自分自身の母親のコミュニケーションを真似て、遠回しなメタメッセージを送ることに問題があるとする。彼女の苛立ちがわからないピーターが問題ではないのである。こうした例からも、タネン自身は、女性と男性のコミュニケーションにおいて、実際になぜ女性が男性にそういうコミュニケーションをするようになっているのかという背景や理由には関心がないのである。こうした現実の社会に存在する権力構造に批判を投げかけるような価値判断は全く示していないという彼女への批判に「"フェミニズム"や"男支配"は自分の研究分野ではなく」「強姦、妻に対する暴力、セクシュアル・ハラスメント、性的虐待を会話から生まれる誤解によって説明しようとしているのではない」と反論しているという<sup>(注8)</sup>。

　タネンの上記の本から別の例を拾ってみよう<sup>(注9)</sup>。キャロルという女性が最近出会った若者と夕食をともにする。そこでは彼は無口で、彼女は会話をうまく続けようと最善を尽くし、彼に多くの質問をし続ける。そして、夕食後 "It was nice having dinner with the FBI"（「FBIとの食事は素晴らしかったよ。」）という皮肉を言われる結果となる。タネンはこの事例を分析し、こう言

## 2章 コミュニケーション——不平等なコミュニケーション条件を持つヒーロー——

う。「キャロルは興味を示すために質問をしたばかりでなく、相手には機関銃を撃つがごとくに感じられる方法で——大声の、早いペースで、省略語を多用して——聞いたのである。」こうしてキャロルが沈黙を破るためにした努力は忘れられ、多くの質問と早口の大きな声と省略した語というシグナルが、彼に調査されているような思いを与えたことを、彼女の側のコミュニケーションの問題だったとタネンは説明する。しかし、この二人のコミュニケーションで明らかなのは、相手が困る程の沈黙を続けたこの若者が、相手にこれ程の努力をさせながら、責める側、非難する側に回れるとする、恐るべき男性優位の態度なのである。そして、タネンは一貫してそうであるように、この権力構造には全く触れることなく、反対に、そうした権力構造がスムーズに誤解なく働くように女性側に正しい認識を促している。

こうしたコミュニケーションにおける男女間の非対称性を「あいづち、うなずき」「沈黙」「割り込み」においてみた、山田と好井によって実施された研究からは、以下のようなことがわかる[注10]。コミュニケーションの進行や相手のトピック展開にプラスまたはマイナス両方に働く「あいづち、うなずき」は、彼等の集計した男性と女性との会話のデーターには多く見られるが、女性の方が相手のトピック進行に対する支持の「あいづち、うなずき」が多く、男性には非支持が多い。「沈黙」のうち、「自然な沈黙」は主に同性の間のコミュニケーションに見られるが、「関心の欠如を示す沈黙」は異性間では男性の方が女性に対してひんぱんに起こしている。「割り込み」においても、同性間では主に対等におこるが、異性間では、女性は男性から圧倒的によく割り込まれている。こうした結果が日常の中では隠れた形であるのは、彼等が言うように「これらの日常的な微細な差別的事実を、女性そして男性が無意識のうちに共同達成し、きわめて自然な会話の流れ、『男女間で協力してつくり上げた差別のない平等な個人同士の会話』として認定していた」からなのである[注11]。

「きわめて自然な会話」の様相を呈するために、どちらかが努力を要求されているという権力構造は、性別の違う相手とのコミュニケーションばかりでなく、年齢の違う者とのコミュニケーション、外国人とのコミュニケーションなど、全てに見ることができる。どちらが協力をより要求されるのか、それは何

のためにそうなるのか、どちらが文化で自然と感じる沈黙を維持する権力を持っているのか、どちらがそうしないとプレッシャーを感じさせられるのか、と見ていった時、コミュニケーションの生起する場の心理的負担の不公平さに気づくのである。だからこそ、コミュニケーションの場の不公平さに気づかないまま、または気づいてもそれを楽しみ、無神経にブリジットの側に努力を要求する相手、こうした人々を経験している、権力構造の下に位置している者は、ブリジットが度々日記で夢想してしまう、「もし私が本当はこう言ったら、どんなことになるのかしら」という言葉に大きく頷き、ブリジットに共感せずにはいられない。

## 4. 優れたコミュニケーション

　同じような不公平なコミュニケーション条件を押し付けられている者としての等身大の主人公の心情への共感だけでは、一般的に「世界中の女性に共感され愛されている」という枕詞をつけて紹介される主人公にはならないはずである。明らかに肯定的な要素――「ああ、私もあるといいのに」――と強く思わせる要素があるはずである。もちろん、彼女の完璧になりえぬ行動の後に、その肯定的な要素はいつも見えてはいる。最後には必ずポジティブに考えて明日に向かう態度である。しかし、こうした女性の主人公にも私たちは多く出会っているはずである。ブリジットの特別な魅力は他にあるはずである。これについては、ブリジットの一貫した他者への悪意がない優れたコミュニケーションではないかと私は考えている。ブリジットは、他者の意地悪なコミュニケーションに対してさえも、一度も同様の意地悪さで応答することがない。仮装パーティーと誤解してバニーガールの格好で現れたブリジットに、マークの前でナンシーは、"Have you come from another party?"(p.147)(「別のパーティから、いらしたのかしら。」)と、失礼な態度で聞くが、ブリジットは、"Actually, I'm just on my way to work."(p.147)(「実際のところ、仕事に行く途中なんです。」)と答える。そして、4ヶ月後に会った時、"Not in your

## 2章 コミュニケーション──不平等なコミュニケーション条件を持つヒーロー── 23

bunny girl outfit today, then," (p.203)(「今日は、バニーガールの格好ではないのね。」)とブリジットの過去の失態を思い出させるナンシーには、"Actually we bunnies wear these in the winter for warmth," (p.203)(「実際、私たちバニーは暖かさを求めてこれらを冬に着るの。」)とブリジットは答える。ブリジットが借りて着ているコートが、昨シーズン物であることまで意地悪く続けて言ったナンシーに、何か言い返したいと思いながらも、結局、"Anyway, I'm sure you're longing to circulate. Nice to see you again. Byee!" (p.204)(「ともあれ、みなさんを回って行かれたいでしょう。お会いできてうれしいわ。さよなら。」と言うのみで終える。ブリジットは、相手の弱みをつこうとする悪意のコミュニケーションに、一度も同等のレベルの悪意のあるコミュニケーションを返すことはない。日記で彼女がいつも書くように、彼女も他者の悪意には十分気づいていてもである。言い返してやりたかったとは書くものの、実際にそうすることが全くない彼女のコミュニケーションには、悪意のある他者の弱みへの攻撃というコミュニケーションスタイルが全く存在しないと言える。

さらには、弱みを見せる他者には、彼女は他の人々よりずっと敏感に気づき積極的に勇気づけさえする。それは、英雄的な大げさなものではないが、自分が気づく限りすぐ自然に実行するのである。シングルと既婚者という友達の集まりで、珍しくシングルが優勢な時、出産後なのにも関わらず出産前なのかとシングルから聞かれて自分の体型にショックを受けた既婚の友達が、"Do I look that fat?" (2─p.31)(「そんなに私肥えて見えるのかしら。」)と不安そうに聞く。"No, you look great," "Glowing." (2─p.31)(「素敵よ。輝いている。」)とブリジットは間髪いれず答える。既婚の友達の無神経な言葉に傷つけられることも多いのに、このブリジットの悪意のない、言い換えれば、一貫して善意を基本にしたコミュニケーションこそが、彼女の状況に共感し、彼女の日記に吐露される葛藤に共感し、彼女の日常的な失敗に共感し、その上で、いつも維持されるポジティブさやユーモアに、かくありたいものとして微笑んだ読者に、「自分には到底出来ないかも」と思わせ、それを軽々とやってしまう彼女のヒーロー的な素晴らしさを認めさせていることなのである。

## 5.　映画『ブリジット・ジョーンズの日記　きれそうなわたしの 12ヶ月』で失ったもの

　映画『ブリジット・ジョーンズの日記　きれそうなわたしの 12ヶ月』では、1作目の映画『ブリジット・ジョーンズの日記』での共感度が随分薄れてしまった気がするのは、私ばかりではないだろう。シリーズにつきもののマンネリ化はもちろん理由にあるだろう。しかし、原作の小説を読む限り、彼女にある共感の秘密と思われるものは2作目にも全て残っており、小説1作目と同じ程度に共感できるブリジット像が存在して、コミュニケーションパターンも同じである以上、映画の2作目でも、もう少し1作目に近い程度にブリジットに共感を覚えてもよいはずであろう。映画自体も、第1作と同じように、小説の流れ自体は追いながら、ブリジットに共感している者たちであれば、映画ならではの最後の劇的な展開のシーンで、強く感情移入するように設定されている、にも関わらずである。1作目と同じ程度の共感を覚える2作目の小説と比べ、映画は、なぜ1作目に比べてブリジットへの共感度のかなり薄いものになったのか。小説から2作目の映画に残されなかった点を追いながら考えてみようと思う。

　比較してみると、2作目の映画では、小説から残すべき要素と発展させるべき要素を取り違えてしまったように見えることがいえよう。一番大きなことは、ブリジットを愛した人々が魅了された、彼女のコミュニケーションの本当の魅力を強調していないことであろう。すでに述べたように、毎日の日記の記述の中で明らかな、うっかりで、失敗も多く、時々落ち込み、独身のままでいることに引け目も感じ、体型についてもコンプレックスを持っている 30代の女性への、コミュニケーション状況が似ているがゆえの共感は、共感の理由の一部に過ぎないのである。ブリジットという女性の最大の魅力とは、これも前にも述べたように、彼女には、本質的な意味で、他者を陥れる、または貶めて自分を上げるという悪意のコミュニケーションがないことにあるのである。羨ましがったり、憧れたりする気持ちがあったとしても、あるいは、時には腹を立

て、言い返すことがあったとしても、彼女には、そうした他者を貶める意図がないから、蹴落とすためのコミュニケーションにおける小細工は存在しない。1作目の小説で、恋のライバル的に出てくる二人の女性のコミュニケーションは、そうしたブリジットと対極にある。マークをねらうナンシーは、幾度となく、そうしたコミュニケーションパターンを使ってブリジットを攻撃する。これらは1作目の映画でもきちんと残されていた。ダニエルのアメリカ人の恋人は、家でブリジットと遭遇した時、すでに惨めな状況に置かれているブリジットに、駄目押しのように、以下の言葉を投げかける。"I thought you said she was thin."(p.153)(「彼女ってやせているって貴方は言ったと思ったけれど。」)二人の間で話題になっていても問題ないような存在にしか過ぎない自分、ダニエルが「やせている」と偽って言っておきたいような恥ずかしい体型の自分、という二つの苦い思いをブリジットに引き起こすことを意図した、悪意に満ちた、しかし巧みな攻撃のコミュニケーションであり、これも映画に残されていた。

　2作目の小説でも、そうした他の人々への競争心むき出しのコミュニケーションと、そうでないブリジットのコミュニケーションは対比的におかれている。2作目で恋のライバルとして登場するレベッカは、容姿端麗な自分が、平凡なブリジットと比べていかに若く見られているかをアピールしようとして、子どもに聞く形で、自分の思い通りの答えを引き出そうとする。"Who do you think is older, me or Mummy?" "Who do you think is older, me or Bridget?"（2—p.194）（「どちらが年上だと思う？私、それともママ？」「どちらが年上だと思う？私、それともブリジット？」）。成功はしなかったとはいえ、みんなの前で、際立った巧妙さを発揮した戦術である。ところが、2作目の映画では、1作目の映画では原作とほぼ同じ設定で登場したブリジットの恋のライバル、ナンシーと違って、そうしたライバルであるレベッカの設定を全く変えてしまっている。映画でのレベッカは、実は彼女自身がブリジットに恋をしているために意味深に見える言動をし、勝手にブリジットから恋敵と勘違いされるだけで、意地悪で競争心の強い女性としては登場しない。ブリジットの持つコミュニケーションにある一貫した善意ともいうべきものを欠く悪意のあるコ

ミュニケーションをする女性がライバルとして登場してこない映画では、ブリジットのコミュニケーションの美徳も引きたちにくいのである。

　本章、第1節で、私達のコミュニケーションの根底には、相手のコミュニケーションで自分が持つ気持ちへの考慮、そしてもちろん、気持ちよく感じたい、嫌な気持ちにはなりたくない、という基準があると書いたが、自分に向けてはそれを望みながら、他者には出来ない者もまた多いのである。そしてブリジットにはそれが出来る。結局、小説では1作目でも2作目でも、多くの彼女の失敗や葛藤や、思わず噴出してしまうような出来事の間に、作者はブリジットのその優れた点を巧妙に入れ込み、恋の相手である有能弁護士、非の打ち所のない紳士であるマークに、コミュニケーションの場でそれを発見させていく過程を自然なものとして見せているのである。彼は、ブリジットに意地悪を言う恋敵と、同じようには悪意でもって応答しないブリジットの会話の場に度々同席し、ブリジットのコミュニケーションの性質に気づいている人物として描かれている。意地悪なライバルの悪意のコメントが空振りした時、ブリジットがブリジットらしく応答をした時、思わず噴出すのは、まずマークであり、こうしてブリジットの良さを彼が発見する過程は、彼では読めない（と想定されている）日記の記述でブリジットの美徳をすでに発見してしまっている読者にとっては、胸がすっとする過程なのである。2作目の小説で、パーティー会場で、ブリジットにない全てのものを持ちながら、ブリジットのコミュニケーションの美徳を持てないレベッカが、誘うようにマークにこう言う。

"Don't you think," she was saying. "Don't you think it's perfectly possible for two people who ought to be together, a perfect match in every way—in intellect, in education, in position—to be kept apart, through misunderstanding, through defensiveness, through pride, through..." "the interference of others and end up with the wrong partners. Don't you?" (2―p.323)
(「思われません？」と彼女は言っていた。「一緒にいるべき二人の人間が、すべての点、知性でも、教育でも、地位でも、完璧に釣り合うのに、誤解したり、防御的になったり、誇りのために、離れている、そういうことがありますよね。」「他の者に邪魔されて、ふさわしくない相手といるってこと。そうあなたは思われません？」)

2章　コミュニケーション――不平等なコミュニケーション条件を持つヒーロー――　27

それに対するマークの返事は簡潔である。"I need Bridget."（2―p.323）（「僕はブリジットが必要なんです。」）そのブリジットと言えば、同じパーティー会場で、ボーイフレンドと一緒に幸せそうに見える親友の様子を、"She deserves it."（2―p.323）（「彼女はこれに値するわ。」）とやさしく見つめている。そのブリジットを知っている読者には、マークの言葉ほど、納得でき、うれしいものはない。小説では、その後、パーティーの最初は揉めそうになっていた友達夫婦が仲直りをして踊っているのを、10年間共に人生を共有したものだけが見せる調和の取れた幸せな姿だと温かく見守りながら、ブリジットは立っている。そこにマークが声をかける。"Want to dance?"（2―p.324）――ブリジットを愛する者が、「彼女こそ、これに値する」と思いながら、にっこりした瞬間の一つであろう。映画でも、レベッカの性質を小説から変更しないで、この見事にコントラストを見せるレベッカとブリジットのパーティー会場でのコミュニケーションを是非残して欲しかったと思う者は、私一人ではないだろう。

## 6.　映画で示された自己決定権

　前項で述べた2本の映画の共感度の違いの、もう一つの理由は、小説にない形で導入された1作目の映画と2作目の映画での主人公、ブリジットの「自己決定権」の性質の違いにあると考える。このことを詳しく説明しようと思う。小説も映画も1作目では、ブリジットは、勤務先の上司のダニエル・クリーヴァーとの恋愛に破れ、やり手の弁護士マーク・ダーシーとの恋愛を成就させていく。小説では、日記であるために、ダニエルとの恋が終わり、初めは偏見を持つ程遠い存在に感じられたマークの良さがわかり、同時に、相手がブリジットを憎からず思っていることがわかるという過程が淡々と進んでいく。もちろん彼女が自分自身の行動を選択していくのだが、映画はあえて決定的な言葉を彼女に言わせることで、彼女自身の選択という要素を強調する。気にかかる存在となったマークへの偏見もまだ完全には解消していない。しかし同時

に、自分の元へ戻ってこようとするダニエルの安易な復縁の申し出も受け入れることができない。その瞬間、ブリジットは、一人でいることを自ら選ぶ。立ち去るマークの背を見送った後で、ダニエルの誘いも断る。あれ程、良き伴侶に恵まれないまま独身女でいることを怖れていたブリジットが、一人でいることを自ら選んだという点に、彼女への共感度は強く増すのである。映画では、こんな言葉である。

Daniel: Let's go back upstairs. Come on. We belong together, Jones. Me, you...poor little skirt.
Bridget: Right.
Daniel: If I can't make it with you, I can't make it with anyone.
Bridget: That's not a good enough offer for me. I'm not willing to gamble my whole life on someone who's not quite sure. It's like you said, I'm still looking for something...more extraordinary than that.
(「2階にもどろうよ。さあ。僕らは同類なんだよ。ジョーンズ。僕と君、かわいい小さなスカート。」「そうね。」「もし君とやっていけなかったら、僕は誰とでもやってはいけないだろうね。」「これは私には十分な申し出ではないわ。自分で自分が確かでない人に私自身の人生をかけるつもりはないの。あなたも言ったでしょう。私は今も求めているのよ、それよりはもっと素晴らしい何かを。」

映画の最後で、ブリジットは、自分からマークの胸に飛び込むという行動をするが、上記のような状況で一度は自らの決定権を行使して、一人でも生きようとしたからこそ、最後はマークを文字通り追いかけて、ハッピー・エンドを手繰り寄せたブリジットに、強く共感するということになる。

2作目の小説も、淡々と日記の形体でブリジットの口から生活が語られ、恋に展開があり、破局かと思われた後仲直りする。そうした過程そのものは、1作目の小説同様ハイライトがあるわけではない。映画では、そこで、1作目と全く同じように、ダニエルの再度のブリジットへの求愛のシーンと、それをブリジットが拒絶するシーンを入れている。しかし、それは、本質的に、1作目の映画のシーンとは違う意味合いを持っている拒絶なのである。まず、ダニエルは、求愛とはいえども、2作目では、タイでのブリジットとの一夜を求めて

いるだけであり、ブリジットにしても、ダニエルがいかに不埒な男かを証明するような出来事が偶然起こったから、結果的にダニエルの誘いを拒むことになる。この拒絶の場合は、ブリジットが「自己決定権」を行使したとは言い難く、1作目との自己決定権の行使による拒絶との違いは明瞭である。映画の最後にも、誤解し続けたブリジットが、自分からマークの元に走って飛び込むという、1作目と同様のパターンを取らせるが、そのブリジットの行動が、一人でも自分らしい幸せを求めて生きていく強さを示さなかったタイの夜の中途半端な拒絶の後では、見ている者のブリジットへの共感度がむしろ弱まるのは当然である。せっかく小説にないエピソードを入れ込んで、ブリジットへの共感度という点では逆に働いたことになる。

　自分らしくあるためには、一人でいることを自ら選ぶことができる女性であることが、共感をよぶ、ということを、2作とも少なくともわかって前提にしているのである。確かに、展開は似たように見えるだろう。男性の申し出を断ることで、一人でいるという事実だけを取れば、である。しかし、上述したように、その性質が違う以上、行為の表面に騙されるほど、世界中のブリジットに共感した女性は愚かではないのである。

## 7.　変わらないコミュニケーション条件

　19世紀の英文学作品 *Pride and Prejudice* [注12] (『高慢と偏見』) が、*Bridget Jones' Diary* (『ブリジット・ジョーンズの日記』) の下地に使われているのは良く知られていることである。同じような点で、アメリカ映画『ユー・ガット・メール』にも、『高慢と偏見』を下地にして、競争相手となった男性には偏見を持ち避けている一方、正体を知らずに同じ男性に電子メールをやり取りして恋をしている女性の恋愛が描かれている。『高慢と偏見』の時代には自然に存在する男女の人間関係が、時を経て、男性の優位は何ら変わることなく、私たちの現在の文化にも生きて、『ブリジット・ジョーンズの日記』や『ユー・ガット・メール』における人間関係となり、疑問も持たれず自然なこととして受け

入れられる。現代のロンドンの街で、ごく普通の女性として、幸せを求めようとしているブリジットにも、アメリカのニューヨークの下町で、理解できる男性を求めている本屋を経営する独立心の強い女性にも、『高慢と偏見』での「優れた男性」に恋をし「気後れする女性」、または、男性の素晴らしさにしばらく気づけない点では「偏見を持ち愚かである女性」という構図がスムーズになりたつのである。反対に、「優れた女性」に恋をし「気後れする男性」といった構図が珍しいことは、日本で2004年にヒットした小説でもあり映画化もされた『電車男』の例を見るまでもなく、明らかである。この構図が対等に使用可能となる時代がきたら、ブリジットもあれほどの女性の共感を呼ぶのだろうか。

　この『高慢と偏見』も近年また映画化され、2006年に日本でも公開された。現代でも多くのファンがいる小説である。私自身も、少女時代に『高慢と偏見』は、大好きな本の一つであったのだが、映画の上映時に、原作を英語で初めて読んで見て、その中の言葉を日本語でかなり覚えていることに気がついた。ゼミの学生に映画の話題を取り上げた時、思わず「映画を見に行ったら、こんな言葉が原作から残っているか聞いてみてね。」と言ってしまったのは、ベスが、自分の恋が成就した後で、叔母に当てた手紙で書いた言葉である。"I am happier even than Jane; she only smiles, I laugh." (p.361)(「私はジェーンよりも幸せです。彼女は微笑みますが、私は笑うのですから。」)少女時代の私にとって、この本の中で一番印象に残っている言葉である。こんな気持ちを持つことができるような恋愛をいつかするのだという夢を、きっとその頃は持っていたに違いない。長い月日が流れて、『高慢と偏見』『ブリジット・ジョーンズの日記』『ユー・ガット・メール』にあるような、優れた男性に最初は偏見を持って、最後は男性の良さがわかっていく女性という構図が、自然だと感じない社会が来れば、本当の意味でもっと多くの女性が高らかに幸せに笑えるのにということも理解できる年齢になった。でも同時に、この3作のストーリー展開に今でも夢を感じてしまう自分も否定できない。そのような文化の中で生きてきた自分の無意識の一部として存在してしまっているのである。似たようなロマンスへの夢を、それがたとえ文化に浸透している不平等さの反映であっても、共有してきた女性の一人としての私達を、これらの小説、そし

て、映画は虜にするのである。それだからこそ、少なくとも、他者のコミュニケーション条件の不平等さについて鈍感ではない自分をいつも持ち続け、そうした不平等な条件の中でも優れたコミュニケーションをしていくヒーローから学んでいく姿勢を持つ努力が必要なのであろう。例えば、ブリジットは、小説でも、映画でも、教養のなさが強調される。ドイツの位置を言えなかったり、ランボーを知らなかったり、といった具合である。そうした教養がないことも、女性である時のみ愛らしいこととされ得る。それは女性にとっては都合の良いことでも嬉しいことでもなく不当なことなのだと少なくとも気づき、その上で、ブリジットのような他者への悪意を示すことのない者のコミュニケーションは、例えば、ドイツの位置を言えないで迷うブリジットの知性や教養とは全く別の次元、いわば人間の資質として優れていることからくることをしっかり理解していたいのである。完璧でないからというだけでなく、失敗の後でポジティブに考えるからというだけでもなく、社会で不公平なコミュニケーション条件を課せられているからでもなく、ともかく優れたコミュニケーションスタイルをブリジットが一貫して持っているということこそが、「ブリジット的生き方」として「世界中の女性の共感をよんだ」のであり、「世界中の女性に愛された」のだと、平等なコミュニケーションの実現を望む多くの世界中の多くの女性のためにも私は信じたいと思う。さらに言えば、映画の1作目に付け加えられた「自己決定権」の強調――自分を大事にしてブリジットが自ら一人でいることを決定し選択したシーン――に共感し喝采をおくったけれども、第2作目の映画に付け加えられたタイの夜のブリジットの安易に揺らぐ心には到底共感できなかった、多くの女性は、そうしたブリジットの優れたコミュニケーションは、誰のためでもなく、ましてや異性に選ばれるためではなく、自分自身が自分であるために選択されるべきなのだと今や気づいているのではないだろうか。

## 3章　自己概念
―― ヒーローの「自己」と「幸福」の探求 ――

### 1.　自己概念

　自己概念とは、自分自身の知覚と経験、それに他者の自分に対する反応に基づいて形成された自分自身の像である。自分自身についての概念――自分とは誰なのか、他の者はどう自分を見ているのか――を持たない者はない。この自己概念というものは、あくまで自己の知覚から構成された像に過ぎないゆえに、たえず他者とのコミュニケーションに影響を受けるといえる。その際、人間は、自己の世界観が自分自身にとって意味を持った存在、首尾一貫した存在であろうと努めるために、他者に矛盾、不一致と映るものがあっても、それを無視しようとする傾向があることをハヤカワが指摘している[注1]。自己概念を高揚しないものの見方を歓迎しないことに相まって、自然に湧き上がってくる感情さえも、時には抑圧し認知しないようにしてまでも、既に確立してしまった自己概念を守ろうとするのである。こうした自己概念とコミュニケーションの密接な関わりは、同じくハヤカワの挙げた二つの例で説明できる[注2]。まず、自分が持つ自己概念を他者が否定し、なおかつ、その他者が自分にとって否定できない存在であった時、自分が認知した自己概念を否定し、無意識の世界にすべりこませるようなことが起きるのである。もう一つの例は、私たちが相手とのコミュニケーションが自己概念を高揚しない時に使う合理化のセリフである。

　時には無意識の世界や合理化によってまで守ろうとする自己概念の核の「自己」という存在、その大切な自己の誰もが望む最善のあり方、状態としての「幸福」を考えてみる時、「自己」と「幸福」ということをストレートに直結し

た形で連想し、自分イコール幸福というような自分の幸福を望まない者も誰ひとりいないといっていいだろう。しかし、疑いもなく誰からも強く望まれる自己の良い状態でありながら、そのために何が必要条件としてあるかについては、全く個人の判断にゆだねられているものである。だから、幸福ということを強く考えさせる小説や映画に、自分の得ることができた幸福と、得ることができなかった幸福を私たちは自然と比べあわせ、強く感情を揺さぶられ、自分自身の幸福なるものについてまで考えてしまうのである。

## 2. 様々な幸福

　映画版が、ニコール・キッドマンのアカデミー主演女優賞受賞で話題となった小説 The Hours [注3]（『めぐりあう時間』）では、主に3人の女性の幸福のための選択が描かれ、読者は「幸福」という言葉に何度も何度も出会い、幸福について考えていくようになる。この3人は、その中の一人でもあるヴァージニア・ウルフの書いた小説『ダロウェイ夫人』を共通に結びつけるものとして持つことと唯一の例外を除けば、直接には出会うことがない、異なる時・場所に生き、各自はそれぞれの幸福について考えて人生を選択していく。
　まず一人目、1920年代、ヴァージニアにとって、幸福とは、入水自殺することで完成するしかない。彼女の夫に当てた遺書には、幸福という言葉が何度も出てくる。

> "You have given me the greatest possible happiness. You have been in every way all that anyone could be. I don't think two people could have been happier till this terrible disease came." (p.6)
> （あなたは私に可能なかぎりの最大の幸福をくれました。あなたはあらゆる点で考え得る最高の人でした。この恐ろしい病気になるまで、私たちほど幸せな二人はいなかったでしょう。）

　そして、遺書の最後に再度繰り返される言葉——"I don't think two people

could have been happier than we have been." (p.7) (「私たちほど幸せな二人はいなかったでしょう。」)

　一方、1950年代を生きるサラにとっては、幸福とは、少なくとも、幸福である振りをする必要のない場所へ、家庭を捨てて逃げることでしかなかった。彼女の幸福が存在しないことを彼女だけが気づいている家庭を立ち去ることである。そして彼女はそれを実行する。小説では、その最終選択自体は、一度も、「幸福」という言葉では説明されないが、彼女の生活に彼女の思う幸福が欠如していることは明らかである。幸福な家庭を築いていることを疑いもしない夫が自分を寝室に呼ぶ声を聞きながら、"What if that moment at dinner—that equipoise, that small perfection—were enough? What if you decided to want no more?" (p.214) (「もし、夕食でのあの時の、あの均衡、あの小さな完璧さで十分とするなら、もうそれ以上は望まないと決めるなら」)——と自分自身に言い聞かせようとするけれども、それは難しい。

　1990年代に生きるクラリッサにとっての幸福は、30年以上経てわかるのだが、18歳の朝にすでに気づいたもの、そのものであった。

> It had seemed like the beginning of happiness, and Clarissa is still sometimes shocked, more than thirty years later, to realize that it was happiness; that the entire experience lay in a kiss and a walk, the anticipation of dinner and a book... There is still that singular perfection, and it's perfect in part because it seemed, at the time, so clearly to promise more. Now she knows: That was the moment, right then. There has been no more. (p.98)
> (丁度、幸福の始まりのように思え、クラリッサは30年以上経ったのに、まだ時にショックを受ける。それこそが幸福だったのだと知ってである。その全ての経験は、キスと散歩、夕食と本への期待。(中略) なおまれに見るような完璧さがあった。その時には、もっと幸福を約束することは明らかに思えた。ゆえに完璧だったのだ。今になって、彼女にはわかる。それこそが幸福の瞬間だったのだ。それからはもうなかったのだ。」)

　クラリッサの18歳の朝の幸福とともに存在したリチャードは、30年後の今はエイズの末期状態にある。彼の投身自殺の直前、彼も同じ朝について彼女の様子を思い出し語る。そして、"I don't think two people could have been

3章　自己概念——ヒーローの「自己」と「幸福」の探求——　35

happier than we've been." (p.200) (「僕たちほど幸福だったものはいないよね。」) と言い残し、窓から消えていく。クラリッサは、それを阻止することもできない。幸福なるものを一緒に体験した人物の投身自殺さえ、彼女は阻むことはできないのである。

## 3. 自己の選択と説明責任

　主人公のうちの二人、ヴァージニアとサラは、幸福の探求における自らの選択の説明責任を、彼等を愛する人々に対して完遂できていない。ヴァージニアは、遺書では、彼女の選択の理由を説明する、しかし、すでに彼女の生が終わった後読むのでは、夫はそれを直接問うことはできない。サラも、家を黙って出ていく。夫 (と二人の幼い子ども) へ置手紙は残したが、すでに立ち去った彼女に、誰も質問し反論する機会は与えられない。この送りっぱなしの、受け取り手に応答の余地を与えない二人のコミュニケーション行為は卑怯なのだろうか。幸福そのものが自己の問題であり、幸福を求めることは誠実な行為だとしても、そのための選択によって、自分を愛している人々の思いを傷つけることが想定される時、説明をせずに選択するということは許される行為だろうか。行為だけ聞けば、そう思ってしまう者もいるだろう。しかし、小説を読む者がそう感じることは予期されていないと思われる。なぜなら、小説では二人が幸福への自分の選択を他者に完全には説明できない状態におかれていることが読者に理解可能にされているからである。私たちは往々にして、言葉では「彼 (彼女) は自分で結局選択したのだ」と他者の進んだ道を指していう。確かに、選択する自由自体はいつも存在するように見える。しかし、その選択は、文化と社会の制約のもとで、多くの人々にとって、過酷で難しい中にある。自分らしくよく生きること、つまり自分が幸せになることの意味を気づいても、必ずしも実行できないという中で、選べないための苦痛と、選んだ後の苦痛の両方に耐えながら、それでも選択してきた者がたくさんいる。その多くが社会的に弱者であるマイノリティグループであり、この小説に描かれた女性達は、

文化のマイノリティグループであるがゆえの、時代や文化の制約の中で、誠実に幸福への選択を考えても、その気持ちを時に説明できないという問題が起こる。もし彼らが相手に応答の機会を与え説明責任を果たそうとしていたら、彼らの選択そのものが結局遂行を阻まれたであろうから。

小説のように、曖昧であった箇所に再び戻って読み直すことも出来ず、主人公の葛藤や決断を短い時間で誤解なく描いてみせる必要のある映画では、小説以上に主人公の気持ちの説明が何らかの形で与えられる必要がある。この映画では、上記にあげたヴァージニアとサラの説明責任が完遂できなかった理由を、原作以上にはっきり示すコミュニケーションを入れることで、意図的に見ている者の理解を助けていると思われる。まずヴァージニアについては、彼女自身による夫への説明が小説よりかなり長くなっている。ロンドンに帰ろうとして駅で夫に阻止された時、彼女が説明しようとしたコミュニケーションである。小説では以下のようになる。

Virginia says, "It's time for us to move back to London. Don't you think?" "I'm not at all sure," he answers. "I've been better for a long while now. We can't haunt the suburbs forever, can we?" "Let's discuss it over dinner, shall we?" "All right, then." "Do you want so much to live in London?" he asks. "I do," she says. "I wish it were otherwise. I wish I were happy with the quiet life." "As do I." "Come along," she says. She keeps the ticket in her bag. She will never mention to Leonard that she'd planned on fleeing, even for a few hours. (p.172)
(ヴァージニアは言う。「ロンドンへ戻る時じゃないかしら。そう思わない？」「それはどうかなあ。」と彼は答える。「ずいぶん長く調子がいいわ。永遠に郊外にいることができるってわけでもないでしょう？」「夕食の時にそれは話そう。」「それじゃ、いいわ。」「そんなにロンドンに戻りたいの？」「ええ。」と彼女は言う。「そうでなければいいのだけど。この静かな生活で幸せならいいのだけど。」「僕もそう願うね。」「行きましょう。」彼女は言う。バッグに切符は入れたままである。逃げてロンドンに行こうとしていたこと、それは数時間であったとしても、彼女がレオナルドに言うことはないだろう。)

映画では、彼女はもっと雄弁である。

"My life has been stolen from me. I am living in a town I have no wish to live in. I am living a life I have no wish to live. And I am asking how this has occurred."

3章 自己概念──ヒーローの「自己」と「幸福」の探求── 37

(「私の人生は私から取られてしまったの。私は望んでもいない町に今は住んでいる。望んでもいない生活をしている。私は、一体どうしてこんなことが起こったのか聞いているの。」)

"This is my right. This is the right of every human being. I choose not the suffocating anesthetic of the suburbs, but the violent jolt of the capital. That is my choice. The meanest patient, yes even the very lowest, allowed some say in the matter of her own prescription. Thereby she defines her humanity."

(「これは私の権利なのよ。すべての人間の権利なの。田舎の息詰まる退屈さではなく、ロンドンの激しい喧騒を選ぶの。それが私の選択なの。もっともつまらない患者でさえ、自分自身の処方箋について言うことは赦されるはずでしょう。それによって、自分の人間性を示せるのだから。」)

"I wish for your sake, Leonard, that I could be happy in this quietness. But if it is a choice between Richmond and death, I choose death."

(「レオナルド、あなたのためにも、この静けさの中で幸福でありたい。でも、リッチモンドと死のどちらかを選ぶのであれば、私は死を選ぶわ。」)

　結局は、雄弁であっても、ヴァージニアの健康を案じる夫に連れて帰られることでは小説と一緒である。この後それ以上は続けて彼女は主張できない。しかし、少なくともそれまでの彼女の説明は、見ている者に彼女の抱える苦痛そのものを明確に伝えたといえる。小説にしても、映画にしても、たとえ説明をしても夫に伝えることができない、わからせることができないで、彼女の行動を阻止されるのである。彼女自身の病は、この場所での生活しか彼女に可能とさせない。しかし、彼女にとっては、それは生きることではない。ヴァージニアに残されたのは、応答できない遺書の形で、自分の幸福への選択をやり遂げるということだったのである。

　サラについても、映画では、心情の理解をもう少し助けようとしている。小説では、「幸福」という言葉を使っては語られなかったサラの選択だが、小説の場面設定はそのままに、夫のダンに「幸福」について語らせることで、それを聞きながら苦しむサラを満足しきっているダンと対照的に描いている。

"I thought of bringing her to a house—a life—well, pretty like this. And it was the thought of the happiness...the thought of this woman...the thought of this life...that

is what sustained me." "I had an idea of our happiness."
(「俺は、彼女を家に連れていくことを考えたよ。人生にね。こんな感じかな。幸福の考えそのものだった。この女性、この人生を考えることが、僕を頑張らせたんだ。」「僕は自分たちの幸福について考えがあったんだ。」

"our happiness"（「自分たちの幸福」）なるものの、ダンの安易で傲慢な仮定が、結局、ダンがサラの悩みに気づかせることをさせないのであり、最終的には、彼女が説明できないまま、ある朝永遠に家を出るという選択に行ったことを納得させるコミュニケーションとなっている。さらに、ダンと同じ類の幸福を共有できないまま仮面をつけて生きることができなかった彼女の、それしかなかった選択と、そして選択後の人生が、その時代に「それ以後は幸福に暮らしました」という安易なものではないことも含めて、映画では、再度、今度は彼女の言葉で語らせる。

"There are times when you don't belong and you think you're going to kill yourself. Once I went to a hotel. That night…later that night, I made a plan. Plan was, I would leave my family when my second child wad born. And that's what I did. Got up one morning, made breakfast, went to the bus stop, got on a bus. I'd left a note." "I got a job in a library in Canada. It would be wonderful to say you regretted it. It would be easy. But what does it mean? What does it mean to regret when you have no choice? It's what you can bear. There it is. No-one is going to forgive me." (p.288)
(「自分が属するところもなく、自殺するんだと思う時がありますよね。私は一度など、ホテルに行きました。その夜です。その夜おそく、私は計画を立てました。その計画は、二番目の子どもが生まれたら家を出るというものです。そしてそのようにしたのでした。ある朝起きて、朝食を作り、バス停に行って、バスに乗りました。メモを残したのです。カナダの図書館で仕事を得ました。したことを後悔したということができるなら素晴らしいかもしれません。簡単ですから。でもそれがどんな意味を持つでしょう。選択が全くない時に、後悔することなんて。それはあなたが耐えていくことなんです。だからそうするのです。誰も私を赦さないでしょうから。」

結局、ヴァージニアが「死」を選んだのと同じで、幸福になるためにサラは「生」を選んだのであり、他者の理解や赦しを得てから選択する余裕はない状態に置かれていたのである。

## 4. 幸福と死の選択

　小説でも、映画でも、サラと、現代に生きるクラリッサが少なくとも生を選び、その中でもクラリッサは「自己」と「生」と「幸福」という両立に一番近いところにいるようにも見える。彼女とかつて幸福を共にしたリチャードが投身自殺をする前に、これから続く時間について言う言葉がある。

"But there are still the hours, aren't there? One and then another, and you get through that one and then, my god, there's another. I'm so sick."(pp.197-198)
(「でも、また時間はくるよね。ずっと、そして、それを切り抜けていくんだ。そして、また時間が。僕は、もう耐えられない。」)

　彼には、訪れてくる生の時間はもう意味がなくなっていた。その彼の自分の目の前での投身を止められなかったショックや悲しみは、もちろんクラリッサにも存在するが、それでも小説の最後で彼女は、自殺をしたリチャードに心でこう語りかける。生きることに幸福を見出す努力をしていくであろう自分と、死を選んだリチャードとでは、自らの幸福の場所も時間も違うことを確認したのである。"Forgive us, Richard. It is, in fact, a party, after all. It is a party for the not-yet-dead; for the relatively undamaged; for those who for mysterious reasons have the fortune to be alive."(p.226)(「私たちを赦してね。リチャード。結局パーティーなの。死んでいない者たちの、まだそれほど傷ついていない者たち、何らかの不可思議な理由で生きる幸運を持っている者たちのね。」)それは素晴らしいことなのだ。"It is, in fact, great good fortune."(p.226)(「実際、それは大きな幸運なのだ。」)そして、生き残っている者として彼女は"Here she is with another hour before her."(p.226)(「彼女の前には、また別の時間が存在しているのだ。」)と強く認識する。そして生き続けることを選ぶような彼女であれば、自分のこれからの生に幸福を感じるかもしれないのだ——そう小説は言っているように、そこで終わる。

リチャードの死とヴァージニアの死は、これ以上の生の時間を持つことが、幸福であるのではなく、むしろ、幸福であるために、そこで生の時間を止める必要があるとした者達によってもたらされた死である。やはり死を自ら選択したように見えるソクラテスの幸福についての田中の論考によると、プラトンの『クリトン』の中で、脱獄を勧めるクリトンを説得する過程において、なぜ自分は死を逃れないのかを、ソクラテスが二つの理由で説明しているという[注4]。一つは、不正なことだからであり、もう一つは、脱獄して死を逃れても、ソクラテスは幸福には生きることができないからである。丁度個人個人が、それぞれ自分の生き方を持ち、その自分の望む生き方の実現をすることで、人生が幸福なものになるように、ソクラテスにとっては、正義に従って生きる時、幸福に生きることができたのである。となると、もし逃げれば、それは、生きていても、彼の生き方は損なわれ、彼にとっては、幸福ではない。死刑に従えば、ソクラテスの生き方そのものを損なうのではない。死はソクラテスにもたらされるが、放棄されることがなかった自分の生き方によって、彼自身は「死に至るまでは生きつづける」ことができる[注5]。さらに、ソクラテスが、クリトンに確認する言論が紹介されている[注6]。大事なことは、一つは「生きる」ことではなく、「よく生きる」ことであり、その「よく生きる」ことは、生きがいのある、幸福な、よい生活であるという言論であり、もう一つが、その「幸福に生きる」ということが、「正義しく生きる」に一致するということである。田中は、これらを紹介した後、前者は万人が認める言論で、後者は、万人が同意するとは言い難く、不正なことをしても不幸にならない人々がいるが、少なくともソクラテスにとっては、幸福に生きることは「正義しく生きる」ことであったのだと示唆する。そしてこう続けている。

　人間にとって生きるとは、ただ息をしているということではない。まして、その息をしている時間を延長することでもない。むしろ、われわれに許された時間の中で自分の生を生きることだろう。それは言い換えれば、自分で自分の行為を選び取ることであり、それによってまた自分の生き方（あるいは法、あるいは言論）を作り出してゆくことであると思われる。友達思いのクリトンはソクラテスの生命を救うことに心を砕いたけれども、ソクラテスはすでに幸福に自分の生を全うしていたのである。[注7]

3章　自己概念――ヒーローの「自己」と「幸福」の探求――　*41*

　歴史に残る哲学者ソクラテスにとってだけではなく、結局、ごく普通の人である私達にとっても、この「よく生きる（幸福）」ことは、自分自身の生のあるべき姿そのものなのである。「よく」「生きる」と分離して考えられるものではなく、「生きる」ことが「よく生きる」ことを兼ねていることで、自分らしく生かされ幸福であることを実現できている、または、実現できるであろう予感を持って、私達は本当に「生きる」ことができるのである。
　映画では、死を選択したヴァージニアと家を出たサラの二人の苦悩と、他者に説明できない、または説明することが不可能である選択について、小説より長いコミュニケーションで私たちの理解を助けたように、そして、特にヴァージニアには雄弁に語らせたように、最後も、映画では、「生」を永遠に失ったヴァージニアに優しい。映画の方は、最後にヴァージニアの入水するシーンと彼女の言葉で終わる。

"Dear Leonard, to look life in the face, always to look life in the face, and to know what it is, to love it for what it is. At last to know it. To love it for what it is. And then to put it away." "Leonard, always the years between us, always the years, always the love. Always the hours."
（「親愛なるレオナルド。人生を直視すること、いつも直視すること、そしてそれが何かを知ること、そのために愛すること。ついに知ること。そのために愛すること。それから手放すこと。」「レオナルド、私達の間にはいつも長い年月が、その年月があり、愛がありました。いつも時間があったのです。」）

「幸福」という感情をつきつめて「死」を選ぶしかなかったヴァージニアを最後に映し出した映画の理解の示し方は、映像的効果のための判断もあろうが、小説とはまた違った優しさがあるように感じさせる。窓から落ちていったリチャードも、水面下に消えたヴァージニアにも、「よく生きる」ことは、この世で「生きる」ことにならなかった。ソクラテスにとってはそれが正義に生きることであったように、ヴァージニアにも、リチャードにとっても、彼等の違った幸福の条件がある。そして、個々の人間にとっての幸福の条件は異なるのだとは理解していても、それでも、クラリッサが言うように、幸福を感じる瞬間

を感じることができるのは、生きている者のみであり、幸福はその生きている者達のパーティーであり時間であるしかないともわかっているから、私たちはそのパーティー会場を去り幸福な時間を終えた者に優しく涙する。

## 5. 他者の幸福と苦しみ

　自分の幸福への選択ということを考えさせる小説は沢山存在する。その内の一つ、*Ordinary People* [注8] は、私が若い時に感銘を受けた小説で、「自己」と「幸福」ということを考えるためにできたような小説である。その時にまだ学生だった私に強烈に印象に残ったコミュニケーションも、まさに「幸福」という言葉を使っていた。中流以上の恵まれた家庭に、長男の水死という事故がおこる。生き残った弟のコンラッドは、一緒にいて災難にあった兄の死に対する責任と、自分だけが生き残ってしまったという罪悪感に悩まされる。しかし、それが彼の心の病気となるまでエスカレートする一番の理由は、自慢の息子であった兄の死をうまく受け止められない母親ベスにあるのである。それに気づかない父親カルは、自殺未遂まで図る息子コンラッドを、何とか助けようとする。そして、愛する妻こそが息子を追い詰めているのだということ、そして「兄の方が生きていたら」と感じてしまう母親としての心の闇を見つめることなく、残った弟の苦しみに対して誠実に対峙しない妻のコミュニケーションこそが問題の原因なのだと気づいていく。息子への対処方法で、夫から自分が責められていると感じたベスは自己防衛的になり、声を荒げる。仲裁に入ったベスの弟はこう言う。

　　"Honey, nobody wants anything from you," Ward says. "We all just want—Cal and Con and everybody, we all just want you to be happy." (p.239)
　　(「姉さん、誰も姉さんに何かをしてほしいといっているわけではないんだよ。僕たちはみんな、カル（夫）もコン（息子）も、みんな姉さんに幸せでいてほしいだけなんだ。」)。

ベスは、弟にこう言い放つ。

"Happy!" "Oh, Ward! You give us all the definition, will you? But first you'd better check on those kids. Every day, to make sure they're good and safe, that nobody's fallen off a horse, or gotten hit by a car, or drowned in that swimming pool you're so proud of!" (p.239)
(「幸せですって」「ねえ、ワード。その全ての定義を頂戴よ。でもその前に、あなたの子どもたちをチェックしてからね。毎日、安全でうまくいっていて、誰も馬から落ちたり、車にはねられたり、あなたの自慢のプールでおぼれないようにね。」

その時点で、聞いていた弟の妻は責めるような声をあげ、後ろ向きになって両手を顔にあてる。ベスの声が続く。"And then you come and tell me how to be happy." (p.239)(「それから初めて、私にどのように幸せになるかを教えて頂戴。」) しかし、「幸福」という誰にでも求めることが正当であると感じるはずの、この母親ベスのコミュニケーションに出てくる幸福についての吐露が、なぜ共感を呼ぶことがないのだろうか。それどころか、なぜ許しがたい利己主義と読者は感じるのだろうか。再度、前節に挙げた小説 The Hours を出して比較して答えてみたい。

前節で述べたように、幸福であるということのために、ヴァージニア、サラ、クラリッサの3人の女性は苦しむ。ヴァージニアにとっては、「彼女のために望んでいる」という夫の言うような生は幸福ではなく、サラは、夫のいう「私たちの幸福」という定義の生には空虚さを感じている。クラリッサは、数十年前の18歳の朝の「幸福の始まり」と思ったものが、まさに「幸福そのもの」であったことを悟る。幸福のために死を選んだヴァージニアや、家庭を出たサラが後に残した人々は、完全には彼女らの幸福の追求を理解できなかった。そのままの場で生き続けるであろうクラリッサにしても、リチャードとの別れは、幸福について分かち合えなかった後悔が残るものである。

しかし、彼女らに対して私たちは概ね共感できるだろうに、*Ordinary People* のベスの場合はどうだろうか。同じように自分の幸福という言葉に翻弄されるベスには憤りを感じるのはなぜだろうか。それは、ベスは、自らを一

番傷つけない形で幸福を求め、ヴァージニアやサラやクラリッサは自分を傷つけることを怖れることは決してなかったからである。ヴァージニアやサラは、幸福であることの自分の感じる意味を周りに理解させることができず、苦悩の後で、一番愛している者たちを置いて旅立つしかなかった。ところが、ベスにとっては、周りに理解させれば自分の隠したい自己が明るみに出るために、反対に隠すしかなかった。長男の死に必要以上に拘泥して生き残った次男へ愛を向けられないという母親失格の部分は闇においておかなければならない。それを認めることは、ベスにとって自分を貶めることなのである。心の病がひどくなる息子が、自分の持つ心の闇の部分をベスに気づかせてしまうために、彼女は息子の方の過剰な敏感さを責め、むしろ無視をして残酷な態度を取る。防御的になり、攻撃的になり、自分の闇の部分、自分の弱さを周りに理解させまいと必死になる。そして、家族の幸福を自らの闇を見つめないということで破壊しながらも、表面上の他人への見せ掛けの幸福な状態には、そのまま留まろうとする。他の人々にうつる「幸福な妻・母」であることが、彼女自身の価値であるがゆえに、そのイメージに拘りながら、一方、息子の幸福や夫の幸福の実現を妨げているのは彼女自身だったのである。

　しかし、この物語と *The Hours* の展開には、大きな共通点が一つある。最後に、サラと同じように、ベスも夫と息子を置いて、ある朝家を出ることである。家を出る前、ベスとカルはこんな会話を交わす。

"Do you love me, Beth?" "Stop it!" "Tell me! I want to know!" "I feel the same way about you," "that I have always felt! You are the one! You are the one who's changed!"（p.254）
（「ベス、君は私を愛しているかい。」「やめて。」「言ってくれ。知りたいんだ。」「あなたに対して同じ気持ちでいるわ。いつも持ち続けてきたのと。あなたなのよ。変わったのはあなたなのよ！」）

　「愛しているのか。」という単純な問いに、ベスが自分の気持ちを述べる単純な形でなぜ答えられなかったのか。結局、「ええ、愛している。でも、丁度、息子を失って、自分に一番似た自慢の息子を失って、あ、彼の方でなかった

3章　自己概念——ヒーローの「自己」と「幸福」の探求——　45

ら、と思う自分がどうしても存在するように、私は、まず自分を愛しているの。そして、その自分の幸せのために、あなたという人ももちろん愛していたし、愛しているの。」ということを彼女は言えなかったのである。夫がそうした自分の内面に気づいてしまったことも同時に悟る。だから彼女は家にはいられない。気づかれてしまったこと、本当の自分の姿を認めて家族と生きるだけの誠実さが彼女にないのである。愛する者のために傷つけることなく自分も留まることができたら、「私たちの幸福」を信じることが出来たらと思い葛藤をしながら家族とのテーブルに座っていた時のサラの苦悩は、ベスのそうした苦悩とは異質のものであり、それゆえ、二人の家を出る行為の意味も全く違うのである。

　母親と息子とのコミュニケーションが、そうした二人の家を出る行為がいかに対照的なものであったのかを見せてくれる。サラの苦悩に、その性質は理解できないながら、気づき始めていた幼い息子は、自殺をしないで彼を迎えに戻ってきた母親に、車の中でこう言う。"Mommy, I love you."それに対してサラは "I love you too, baby," (p.192) と答える。さして、再度 "I love you, sweetheart.""You're my guy." (p.193) と言う。一方、ベスは息子には黙って家を出る。彼女の旅立ちを朝知って動揺する息子は自身を責めるが、自分には非がないのだと言ってくれる父と話す中で、今まで父親をどんなに頼りに思っていたかを初めて口にする。そして、その会話の最後に、父と息子は、丁度サラと息子が交わしたのと同じような言葉を交わす。

"Well, don't admire people too much," he says, tossing the remains of his coffee into the bushes. "They disappoint you sometimes." "I'm not disappointed," Conrad says. "I love you, man." He winces, and his throat is tight, his eyes filled with sudden tears. "I love you, too." (p.259)
(「人をそんなに尊敬するなよ。」彼はそう言って、コーヒーの残りをやぶに捨てた。「時には失望するからな。」「失望なんかしないよ。」コンラッドは言った。「父さん、愛してる。」カルはたじろぎ、のどが詰まった。目に涙があふれてきた。「父さんもだ。」)。

サラと息子の会話は、ベスと息子には起こらなかった。起こり得なかった。そ

こにこそ大きな違いがあるのである。愛する者を置いてでる、置いてでない、ということが、私たちの愛する者への愛情を図る尺度ではない。自分の幸福という言葉を求める時、愛する者を置いていくしかないこともあるだろう。それは少なからず、その愛する者に激しい喪失感を生むだろう。だから「自己」と「幸福」の誠実な両立に、人は苦しむのである。その苦しみを、まず自分の側が最初に取り葛藤し苦悩した者を、たとえ、その大きな苦しみの後の選択の結果が他者に喪失の苦しみを引き起こすとしても、私たちは理解し得るのである。

## 6. 普通の人々の誠実なコミュニケーションとは

　二つの小説ともに、"Ordinary"（普通の）という言葉が、"Happiness"（幸福）という言葉とともに、小説では重要な言葉となる。ごく普通の人々、普通の時間、普通の朝、その連続の中に、幸福になるための選択がある。生であれ、死であれ、別れであれ、幸福への選択を人間である限りやめることはできない。だから、全てが普通でありながら、選択そのものだけは他者に説明できないようなものになることもある。他者には特殊な選択、思いがけない選択に見えたり、愛する者からさえ理解されない身勝手な選択と言われたりすることもあろう。しかし、自己が判断する幸福への選択そのものを変えることは、自己を偽ることになる。最初に、自己概念とコミュニケーションということで、ハヤカワの二つの例をあげたが、結局、前者の例──自己概念を偽る必要がないことを願い、他者が自分の持つ自己概念を否定することないように希望し、そのために誠実に自分と自分の苦しみに向き合うことで生きていこうとする人間には、私達は、共感し、気持ちを分かちあおうとするのであろう。しかし、後者の例──合理化することで、自己概念を変えないで自分を守ることだけに葛藤する者には、それはできないのである。心理学者、岸田秀は、コミュニケーション活動で多くの人が使う「自己嫌悪」という行動は卑劣なものだと指摘している[注8]。彼の例で挙げられた太宰治の『人間失格』の中の主人公要蔵

は、自己嫌悪という隠れ蓑をもって、本来の卑劣な根性を正当化しているのであるという。丁度、誰かに意地悪な行為をした後、「あーあ。私、あんなことをして自己嫌悪」という時には、既に意地悪な発言をした自分は「架空の人間」で、意地悪などしない「現実の自分」に嫌悪されていることになり、何一つ自分は傷つかないでいられるということになる。岸田が指摘するように、非常に好都合の自己正当化である。実態は、意地悪なことを言った自分が「現実の自分」である。そういうことを言わない理想化された「架空の自分」が、「現実の自分」にすり返られ、本当は「現実の自分」であるはずの自分を虚構化して嫌悪している状態が自己欺瞞的に仮定されてしまうのである。「現実の自分」を見つめることが、どういう選択がそれから引き起こされようと、誠実なコミュニケーションの始まりであろう。

　ブーバーがこんなことを言っている。

　他者にむかって出てゆけるためには、その出発点がなくてはならない。そのためにはわれわれは、自己のもとにいたのではならず、自己のもとにいるのでなくてはならない。たんなる個と個のあいだの対話は、一種の見取り図にすぎず、真に自己というものを有している人格と人格のあいだの対話においてこそ、その見取り図は実現されるのだ。[注9]

　「自己のもとにいる」ことができず旅立った人は、たとえとどまっても「他者にむかって出てゆく」チャンスはなかったのである。「自己のもとにいる」——「現実の自分を知る」、そして本当の意味で「幸福に」生きる、つまり「よく生きる」ことが何よりも、人間に必要なことだということを知る私達には納得できる。そのために、自己を守って他者を苦しめる安易な道ではなく、自己を見つめ、そのために自分を苦しめながらも選択する者と、そのような者の苦悩を、ともかく優しく理解したいのである。人生のどこかで、自分しか決められない、自分らしく生かされ幸福に生きる条件のために、同じような選択をすることもあるかもしれない「普通の人」である私達だからである。

# 4章　言語コミュニケーション
## ——ヒーローが言語化したこと、言語化しなかったこと——

### 1. 言語コミュニケーション

　言語は、人間が他者と関わり、そして世界と関わるための、一番影響力の大きいコミュニケーション手段と言ってよいであろう。私達は言語によって意味を、他者と共有していけるのである。バベルの塔の構築によって神の怒りにふれた人間が、共通の言語を失ってバラバラになるしかなかったという、あの有名な神話が示唆するのは、言語の共有によってこそ私たちは他者と何かを共有できるのだということである。そうした大きな力を持つ言語だからこそ、その性質を理解する必要がある。言語の三つの代表的な特徴、即ち、私たちの考えをあらわす、私たちを取り巻く世界を分節し分類をする、実体ではなくシンボルである、という特徴だけ、を単に挙げるだけであるのならば、言語には肯定的な意味合いしか感じられないだろう。しかし、まさに今挙げたような特徴のために、同時に言語は問題をその性質に内包し、言語的言い換え、両極化、装飾性、曖昧性、言語が引く境界、そして、言語化されるものと言語化されるものの選択、というように問題性を絶えず提起している。この章では、数多くある言語の問題から、最後に挙げた「言語化されるもの」と「言語化されぬもの」という点に絞って考察していきたい。

### 2. 「言語化する」と「言語化しない」の選択

　「言語化する」「言語化しない」——この選択の意味することを、二つの小説

## 4章 言語コミュニケーション——ヒーローが言語化したこと、言語化しなかったこと——

の終わりから考えてみよう。まず *The Third Man* [注1]（『第3の男』）からである。友人ハリーを訪ねていった地で、彼の事故死を知った作家のマーティンズは、その死にまつわる不可解さを追求して行くうちに、ハリーの恋人であった女性アンナを愛し始めてしまう。さらには、ハリーの死を仕組んだ当の人物が、悪事を犯したがゆえに、事故死を装ってまで身を隠す必要があった、ハリーその人であったことを発見するという筋である。結局は、アンナを守りたい彼は、警察との取引のような形でハリーをおびき出し、その場の状況から、自ら彼を撃ってしまう。小説の最後は、ハリーの2度目、そしてこれこそが本当の死を弔う墓地のシーンで終わる。マーティンは、車の申し出を断り、自分たちの前を通り過ぎて行ってしまったアンナを追いかける。追いついたものの、後ろから見ている小説の語り手には、二人は会話を交わしているようにはみえない。そこに言語は存在しないまま二人は並んで歩いていく。

"You win, you've proved me a bloody fool." "I haven't won," he said. "I've lost." I watched him striding off on his overgrown legs after the girl. He caught her up and they walked side by side. I don't think he said a word to her: it was like the end of a story. (p.157)
（「あなたの勝ちですね。私が馬鹿でした。」「私は勝っていませんよ。」と彼は言った。「負けたんです。」私は、彼が長い足で大またに歩いて女性を追いかけていくのを見た。彼は彼女に追いついて、並んで二人は歩いた。彼が彼女に話しかけたとは思いません。丁度、一つのお話の終わりのようでした。）

映画で有名になったエンディングでは、アンナが男の横を目もくれずに歩き、そのまま通り過ぎていく。作者自身が、この映画のエンディングと小説（作者が書いた映画のシナリオも含めて）の違いについて以下のように書いている。最初は、結末が変えられてしまうことに抵抗があったが、監督から見れば、話すこともなく二人が歩いていく原作の終わりの方が、"unpleasantly cynical" [注2]（「不愉快なほど皮肉な」）な終わり方であるというようなことを言われたという。映像的な効果を生かす、いわば絵になるラストシーンにするための考慮があっただけかもしれない。しかし、二つの異なる終わりが与える意

味の違いは大きい。映画のように、アンナが一言も言わず、通り過ぎて行くだけである時は、二人の関係の終わりが暗示される。二人が共有する場そのものが存在しなくなるということだからだ。一方、小説のように、二人が並んで歩いていく場合は、そこにいつか言葉が交わされるかもしれないと誰でも期待はできる。勿論、平行線はこのままかもしれない。ハリーのことを思うという点では、同じ方向を向いてはいるが、その他の点では決して交わらないかもしれない。けれども、人々がその場を共有さえしていれば、そこに対面で言語と言葉が交わされる場所が確保されているのだから、今は望まなくても、いつかは本当に言葉が交わされる可能性もあり、まだ二人の関係が続く可能性を示しているのである。

しかし、場を共にすることがそのままイコール関係の継続をいつも意味するわけではない。反対に、場を共にし「言語化する」ことができたために関係の終わりを示す瞬間を小説が描くこともある。その瞬間は、場を共有しているために、むしろ残酷でもある。他者を傷つける内容を「言語化する」ことで多くの関係を終わらせている私たちの日常のコミュニケーションそのものが残酷なのであり、そうした避けることのできない現実を示しただけともいえる。第1章でもあげたラヒリの別の短編に、*A Temporary Matter*[注3]（『停電の夜に』）がある。心が少しずつすれ違い始めている若い夫婦のアパートで、地区の工事のために停電が何夜も続くことになる。暗闇で、二人は今まで語ったことのないことをお互いに話し始める。知り合った頃、そっと相手の住所録を覗いたこと、カンニングしたこと、——二人はお互いにそれまで言語にすることがなかった出来事を語る。その頃語るということがなくなっていた彼らは、少なくとも、お互いに語ることができるようになる。しかし、その事実と反対に、二人の関係そのものは終わりに近づく。予定されていた停電が終わる最後の夜、妻は、夫に自分が引っ越していく別のアパートをすでに見つけたことを言う。自分が全く知りえなかったことを突然妻から告げられた夫は、今度は、妻が知らなかったことを言う。妻が前に死産した時、彼が胸に抱いた赤ん坊のことである。

## 4章　言語コミュニケーション——ヒーローが言語化したこと、言語化しなかったこと——　51

"Our baby was a boy," he said. "His skin was more red than brown. He had black hair on his head. He weighed almost five pounds. His fingers were curled shut, just like yours in the night."(p.22)
(「僕たちの赤ちゃんは、男の子だったんだ。」「肌は茶色っていうより赤かった。黒い髪が頭にはえていた。5ポンド位だったかな。指をまげて閉じていて、丁度寝ている時の君のみたいにね。」)

赤ん坊の性別についてそれまで言語化しなかったのは、彼女を愛していたからである。

...he promised himself that day that he would never tell Shoba, because he still loved her then, and it was the one thing in her life that she had wanted to be a surprise. (p.22)
(その日彼は絶対ショーバには話さないと誓った。その時は、彼女をまだ愛していたし、彼女がたった一つ知らないでいたいことだったからだ。)

小説の終わり、暗闇で二人はお互いが知ってしまったことに泣く。「言語化したこと」で二人の関係は決定的な形で終わった。一人はすでにアパートを立ち去る用意をしたことを言い、もう一人は、愛している時には決して口にしなかった死産の赤ん坊について口にする。関係はどちらにしてもほとんど終わってはいたが、言語化により、二人は「言語化しない」時に決して戻れない状態まで一気に進んでしまったのだ。二人の知ったことだけでなく、相手が口にしたという行為は、お互いを深く傷つけ、その瞬間に場を共有しているために、残酷でもある。だから、"for the things they now knew"(p.22)(「彼らが知ってしまったこと」)は、彼らを泣かすのであろう。言語を交わせる場を停電により多く持てたために、彼等は結局「言語化する」ことで終わりを告げるまでに語ってしまうように、場があれば、言語があれば、人は分かり合えるという単純な図式が成り立たないゆえに、私たちは言語化に対して誠実で慎重な選択を迫られているのである。

## 3. 言語化への選択理由

　言語化への選択が、他者との人間関係をどう紡いでいくのかを見てみたい。*Breakfast at Tiffany's* [注4]（『ティファニーで朝食を』）は、ホリーという女性が、彼女を愛した男性「私」によって語られる。小説のタイトルになっている「ティファニーで朝食を」という、文字通り解釈すれば、まさに不可解な行動も、ホリーが「ティファニー」が彼女に持つ意味を、「私」に説明する言語により、大きな意味を持ってくる。

　"some day I'll try to get around to it; but if it happens, I'd like to have my ego tagging along. I want to still be me when I wake up one fine morning and have breakfast at Tiffany's." (p.39)
（「そして、いつかそうなるようにするの。でも実際にそうなっても、自分らしさはちゃんと持っとくわ。天気の良い朝に目覚めて、ティファニーで朝食を取るようなことになっても、私は私でいるの。」）

　"What I've found does the most good is just to get into a taxi and go to Tiffany's. It calms me down right away, the quietness and the proud look of it; nothing very bad could happen to you there, not with those kind men in their nice suits, and the lovely smell of silver and alligator wallets. If I could find a real-life place that made me feel like Tiffany's, then I'd buy some furniture and give the cat a name. I've thought maybe after the war, Fred and I ―" (pp.40-41)
（「私にとって一番良いってわかったことは、タクシーに飛び乗ってティファニーに行くことね。すぐに落ち着かせてくれるの。静けさやその気品がね。何にも悪いことなんて起こらないって。素敵なスーツ姿の紳士たちや、銀細工やワニ皮財布のすてきなにおいとではね。もし私がティファニーで感じるような気持ちを感じることができる本当の場所を見つけたら、家具を買って、ネコにも名前をつけるわ。ずっと思っているの、たぶん戦争の後で、フレッドと私が――。」）

　自分の本当の居場所を探し続けるホリーにとって、「ティファニー」という場所の持つ意味が、ホリー自身の口から言語化される時、ホリーという女性の内面が鮮やかに見えてくるのである。彼女の思いが理解できるようになるの

## 4章 言語コミュニケーション——ヒーローが言語化したこと、言語化しなかったこと——

は、このように彼女によって言語化されたがゆえにである。普通の基準から言えば突飛過ぎる行動をし、天真爛漫に自分を表現し、喜びや興奮を素直に口にするかのように見え、深く考えているのかもわからないようなホリーの心の中の思いは、こうしたきちんとした言語化によって、明確に理解できるチャンスを与えられる。しかし、こうして「ティファニー」への思いを口にした、その彼女にしても、心の奥底に深く秘めている強い願い——別れ別れになっている弟フレッドと一緒に平和な暮らしをしたい——は、一度もきちんとは言語化しないのである。言語により自分のことを示し、同時に私たちは他者をよく知る機会を持つのだが、一人一人の言語化への過程は、単純に解釈できる性質ではない。フレッドとの夢の実現のように、言語化されず、抑圧されている夢は、ホリーを時には不安定にさえさせる。

さらに、こうした言語化の選択が、自分のためにだけでなく、一番に相手を基準にして行われることも多いのである。例えば、愛し、愛しているゆえに、相手への自分の思いの言語化をとめる。人間はそうした言語行動をする精神性の高い生き物である。ホリーが、ホリーを愛するようになっている「私」を動揺させることを言う時がある。アメリカを離れて恋人に付いて行くと言うホリーの言葉に激しく動揺してしまった「私」は、厳しい調子で心配事を口にしてしまう。そうした「私」の心配など気にとめることもなく、彼の気持ち自体にも気づかないで、ホリーは無邪気に落ち葉の中に馬を乗り入れる。そして、「ね。素晴らしいでしょ。」と叫ぶ。そのホリーの輝く髪をながめながら、「私」は、彼女を失うという自分の悲しさを忘れ、彼女が幸せだと思うことが起きるのだということで満足出来るほどに、自分は彼女を愛していると感じる。

I love her enough to forget myself, my self-pitying despairs, and be content that something she thought happy was going to happen. (p.80)
(私は、彼女を愛している。自分自身のこと、自己憐憫からくる絶望も忘れるぐらいに。そして、彼女が幸せだと思っている何かが起こることで満足できるぐらいに、愛しているんだ。)

もう彼女の決断に対して悲観的な見通しを言語化することは彼にはできな

い。彼女を失う自分への憐れみを超えたところに、彼の彼女への愛情があるのだから。はしゃぐ彼女の気持ちに水をさすことはできない。人を愛するということは、時には相手への言語化をとめることでもある。こうした行為を多くの人々はすることができる、する一方、それでも多くの場合は、私達は、まず自分の気持ちを優先させる。「あなたのために辛く言っているのよ。」という言葉が、しばしば偽善的に聞こえるのは、「あなたのために辛く言っているのよ。(と言って、口にしているこの気持ちを、ここで私は言わなければ、私自身とてもおさまらないから、自分の気持ちのために言っているの。これは口にしないけれど。)」という事実が多いことを、私達は自らの経験で知っているからである。だからこそ、「私」がそうした多くの場合私達がすることをしないで、ホリーへの言語化を止めたことに、胸を打たれるのだろう。

　言語化を止め、自分の気持ちをそれ以上言うことなく、ホリーの幸せを願うだけにした「私」は、後に、今度は、望みながらも言語化できない状況で辛い思いをする。旅立ったホリーから住所の書いていない手紙を受け取った後である。住所を書いておくと約束した2通目は届くことがない。手紙の形で言語化されないからといって、完全に相手が生きている、幸せであるという希望が存在しないわけでもないし、言語化されない理由は様々で、少なくとも、悪い状況が言語化されて知らされたよりはましともいえる。結局、ホリーからの2通目の手紙という明確に言語化された情報を受け取れないということが意味することは、手紙を書くほどに、ホリーは彼を重要に思っていない、ホリーは今幸せで結局彼に手紙を書くのを忘れている、手紙を書いて知らせたいほどには幸せでない、そして、今は生きていない、どれかなのである。「私」は、最初の二つの理由であれば意にも介さないだろう。「私」にとって大事なのは、ホリーが幸せで、生きていることなのだから。言語化されないまま、ホリーの今を、希望を持って想像するしかないゆえに、ただ幸せを祈ることになる。小説は、その彼女の今が幸せであることを祈る彼の気持ちを記して終わりとなる。彼女の住所が知らされなかったために、彼女に宛てては言語化できなくなった、「私」が一番ホリーに対して言語化したかったことが再度胸を打つ。

4章 言語コミュニケーション──ヒーローが言語化したこと、言語化しなかったこと── 55

But the address, if it ever existed, never was sent, which made me sad, there was so much I wanted to write her: that I'd sold two stories, had read where the Trawlers were countersuing for divorce, was moving out of the brownstone because it was haunted. But mostly, I wanted to tell about her cat. I had kept my promise; I had found him. (p.100)
（しかし、住所は、それが仮に存在していたとしてとしても、送られることはなかった。それは私を悲しませた。彼女に書きたいことは一杯あった。二つ小説が売れたこと、トローラ夫婦は離婚でお互いを訴訟、思い出が多すぎるブラウンストーンから自分が出ていったこと。しかし、一番書きたいことは、彼女のネコについてだ。約束を守ったよ、見つけたよって。）

　自分の小説の成功、引越し、でも何よりも「私」が言語にできたらと思っているのは、愛していた彼女が気にかけていたネコを自分が約束どおり見つけたという報告である。
　ホリーのネコを見つけた時、それが飼い猫になっているらしいのを「私」は見て取る。ホリーが可愛がり、自分に本当の居場所ができたら名前をつけるといっていたネコは、今や居場所を見つけ幸せであるように見える。「私」にはネコは彼が幸せを願っているホリーにどうしても重なって見えてしまう。

"I wondered what his name was, for I was certain he had one now, certain he'd arrived somewhere he belonged. African hut or whatever, I hope Holly has, too."
(p.100)
（彼［ホリーの飼っていたネコ］の名前は何のだろうと思った。今や何か名前があるのは確かだった。彼は居場所を得たのだから。アフリカの小屋であれ何であれ、ホリーもそうであればいい。）

　居場所を探し続けたホリーがその居場所をどこであれ見つけたことを「私」は願うが、それを確かめるすべもない。言語化しては届かない彼のネコについての報告と、居場所を見つけたらネコの名前をつけるという言語化する行為に託していたホリーの気持ちを、読者が同時に思う一瞬である。人間にとって言語化は簡単な選択ではありえないのだ。言語化する、言語化しないことに人が思いを託すこと、言語化の選択が愛する他者のためになされることがあること、そして自分で選択できない状況に置かれること、これらは言語が人間にもたら

す素晴らしさでもあり、厳しさでもある。

　映画では、小説と異なって、ホリーはニューヨークにとどまり、「私」と結ばれる。オードリー・ヘップバーンが演じたホリーにハッピー・エンディングを与えないのでは残酷すぎるのであろう。ディズニー映画の『リトル・マーメイド』で、人魚姫が原作の『人魚姫』とは全く異なるハッピー・エンディングを享受したようなものかもしれない。ただ、物語自体が子ども向けの単純な活劇風となって、人魚姫の内面や葛藤も全く違い、最後が原作と同じになることは不可能であった『リトル・マーメイド』と違って、この映画版では、ホリーや登場人物の思いは原作に忠実で、全体的に物語の展開が生かされている。だから、小説を読んでから初めてビデオで映画を見た私には、どうしてもかすかな不満は残った。小説では、ホリーや語り手が言語化したこと、しないことが、最後には二人の間で言語化が可能でなくなるからこそ、一番胸を打ったからである。それは、言語で表されたホリーの居場所を求める思いであり、「私」がホリーを思う気持ちのために内に留めた言語であり、ホリーを思うにも関わらず言語化できない手紙の内容なのである。後の二つのことは別離では終わらなかった映画では除かれているし、最初の思いも結末の変更によって意味が変わってしまっている。物語はハッピー・エンドの方が、主人公を愛した誰にとっても良いのだろうけれど、そして実際ホリーのためには私も映画を見た時に嬉しくなったのだけれど、小説で言語化の持っていた意味そのものは映画では存在しなくなった。それだけが残念なのである。バフチンが、このように書いている。

「言葉が話し相手に向けられていることの意味は、きわめて大きい。実際、言葉とは二面的な行為なのである。それは、誰のものであるかということと、誰のためのものであるかということの、ふたつに同等に規定されている。それは、言葉として、まさしく、話し手と聞き手の相互関係の所産なのである。あらゆる言葉は、「他の者」に対する関係における「ある者」を表現する。言葉のなかでわたしは、他者の見地からみずからに形をあたえる。ということは、結局、みずからの共同体の見地からみずからを表現する。言葉とは、私と他者とのあいだに渡された架け橋である。その架け橋の片方の端をわたしがささえているとすれば、他方の端は話し相手がささえている。言葉とは、話し手と話し相手との共通の領土なのである。」(注5)

「言葉とは、話し手と話し相手との共通の領土」だから、言語化しようと私たちは努力し、言語化しないと決めた気持ちや出来ない状況に苦しむ。その努力や葛藤が人間的であるがゆえに、人間を描く小説は、その言語にまつわる苦悩に満ちている。だからこそ、私たちの心をさらに打つのだろう。

## 4. 問題性

　今まで例を挙げて考察してきたように、言語化の選択は、私たちにとっての人間らしさを発揮し、関係をつむぐ素晴らしい選択でありうる。同時に、私たちがそうした素晴らしい選択を、安易に社会に問題性を残すものにしてしまっていないかを注意することは必要である。社会で生活に必要なことは言語化され、私たちに便宜を図る。しかし、同時に、大切なことも多く言語化されなかったり、不十分に言語化されたりしてしまう、という事実がある。言語化される、言語化されない、の影響は大きいし、どちらの選択においても問題性は残る。言語化されるということは、言語に力があるからこそ、言語によってより意識され、やがて社会に浸透していくのだが、こうなると、今や習慣のように当たり前になってしまった言葉が、やがて社会の変化への抑制力になってしまうことさえもあろう。反対に、意図的であれ、無意識であれ、言語化されぬ実体は、秘めた願望や痛みのように抑圧され忘れられたように扱われることで、生活を営む上で大きな歪みをもたらすことさえある。さらに、社会全体で人為的に言語化しないという試み、例えばPC運動による言語改革さえ、実体を何も変えないままの言語のみの言い換えとなることで、かえって都合よく実体を代えないで済ますことを可能にする怖れがある。
　2006年の年が明けてすぐのこと、大手のホテルチェーンのホテルで身体障害者用の駐車スペースをロビーに改造するなどの違反行為が見つかり、テレビでも大きく報道された。発覚後最初のインタビューに答えた社長は「見つかったから違反なんでしょう。」と居直りともいえるコメントをしていた。ところが、その後で、次々にそのチェーンの多くのホテルで同じような違反が見つか

り、ホテルへの批判が高まった後の会見では、「謹んでお詫びをする。」と 180 度変わったといえる言語コミュニケーションで応答した。その時、お詫びと同時に、身体障害者の雇用促進も約束として述べる。しかし、そうした約束内容を「言語化する」からといって、長期間違反にも関わらず身体障害者の人々の駐車場を潰してきた社長の、身体障害者の人々への思いやりや認識がこの短期間で変わったとはとても思えない。自分のした事や言ったことに対する予期した以上の反発に、こうした言葉を慌てて発したと思われるのであり、彼が言語化した約束もすべて本当に彼が心から今思っているとは思えないことになる。

　日米文化論を述べた本でこんなことが書いてあったことがある[注6]。言葉に日本では異常に反応するが、「区別」と「差別」は別であり、「分ける」ことと「種々の差をつける」ことは違うのであり、例えば、身体障害者が必要としていることは、単なる言葉の置き換えではなく、社会が「五体不満足な者との物理的な違い」を認め、「理性的な目で区別し」、なおかつ「不自由なく日常、社会生活を営める」施策であるという。そして、言葉が先行してしまって、身体障害者のための行政面の対策がおそまつである日本を批判していた。前述の社長の場合も、なぜ身体障害者の駐車場や部屋が必要とされるのか、それを義務付けているのかを全く認識しなければ、まさにそうした行政面の法令も彼には何の意味も持たないわけで、破れるものであれば破りたいような性質に見えていたのであろう。さらに、こうして施策の意味を認識していない者が、今、自らの会社での身体障害者の雇用を積極的にすすめると公言している。このように明らかに良い影響を計算して言語化されたものに、どんな有意義な意味が出てくるのだろう。この後、これに関してインタビューを受けた身体障害者の協会関係者が、「これからどう実行するのかを見ていくだけですね。」と皮肉な調子で言い放っていたのが印象的であった。言語化には全く実体に対して意味がないことがある。むしろ言語化ですませればよしと、一時的に言語の大きな力を借りる輩の企みの方に私たちは目を光らせなければならないのである。それは、言語という偉大で影響力の強い優れた道具を持った私たちの義務のようにも思えるのである。

# 5章 非言語コミュニケーションとステレオタイプ
―――選択するヒーロー―――

## 1. 非言語コミュニケーションとステレオタイプ

　例外的な状況を除いては、言語コミュニケーションと非言語コミュニケーションはお互いに関連しあってコミュニケーション全体を構成している。サモーバーは二つの関係を、(1)非言語コミュニケーションが言語コミュニケーションでのメッセージを強調する、(2)非言語コミュニケーションが言語コミュニケーションを補足する、(3)非言語コミュニケーションが言語コミュニケーションの代用となる、(4)非言語コミュニケーションが言語コミュニケーションの代用となる、(4)非言語コミュニケーションが言語コミュニケーションの伝達内容と矛盾する、と説明している[注1]。さらに、サモーバーは、言語コミュニケーションと非言語コミュニケーションの違いとして、(1)生理的な要素の影響を受ける、(2)言語の異なる人々の間でも共通の記号が多い、(3)同時進行で複数の記号が作れるので、複数の感情も示せる、(4)早い時機に使用し始める、(5)感情により訴える、とまとめている[注2]。言語以上にインパクトが強いことも往々にしてある非言語コミュニケーションを、単なる言語コミュニケーションの補いや強め、まだ代替といった次元で考えるべきではないとも言える。身体という記号の場は、他者に向かってメッセージを発する記号の場であるばかりでなく、認識の核である記号そのものが生み出される生成の場であると、認知心理学者の佐々木は言っている[注3]。

　一方、ステレオタイプとは、その用語を初めて紹介した W. リップマンの説明を使うのであれば、「修正の難しい単純で誤りの多い集団のイメージ」である[注4]。このステレオタイプは、「社会的類型化」と混同されやすい。前者は、

あるカテゴリーに対する一般化されて柔軟性を失った意見である一方、後者はデーターを収集分析したり、統計を取ったりするという科学的な過程で形成されるものであり、新しいデーターとともに訂正がなされる。一方、前者は、公平なイメージを持とうとしてさえ、訂正を拒む性質を持つ。リップマンはこう説明する[注5]。「ステレオタイプの体系は、秩序正しい、ともかく矛盾のない世界像であり、われわれの習慣、趣味、能力、慰め、希望はそれに適応してきた。それはこの世界は完全に描き切ってはいないかもしれないが、一つのあり得る世界を描いておりわれわれはそれに順応している。そうした世界では、人も物も納得のいく場所を占め、期待通りのことをする。この世界にいれば心安んじ、違和感がない。」それは、「自尊心の保障」なのであり、「自分自身の価値、地位、権利」といったものについての、われわれの感情を入れ込んだものなのである。そして、その存在が自分に位置に対する安心を産み与えるのだろうという。このように、自分と関係する多くの感情が既に込められているゆえに、ステレオタイプにおける混乱は多くの者にとっては自分が慣れ親しみ安んじていた世界への攻撃とも映るのである。

　上記のように自尊心をも脅かすようなステレオタイプの混乱が生じる場合、混乱を収め、ステレオタイプを維持することがいかに巧みに行われるかを、ペティグリューが以下のように示している[注6]。外集団の行動が、既存の否定的なステレオタイプに当てはまらないという時は、(1)その時の状況のせいにする(2)関係のない動機付けのせいにする(3)集団内での例外的な変わり者にする(4)単に幸運であるとする、という四つの方法でもって、ステレオタイプに修正を迫るような経験をした場合でさえ、人はステレオタイプを変えない傾向があるのである。ステレオタイプは、私たちのコミュニケーションを決定する大きな要素になっている。それにも関わらず、その性質上、ほとんど実際のコミュニケーションを必要としないで、それに基づいて行動することを私たちに可能にしている安易な基準となっていることは否定できない。特に他者へ距離をおいていても起こり得る非言語コミュニケーションは、相手が誰であるかについての考えを与え、それから始まるであろう言語コミュニケーションの方向を示唆し、時には、始まったかもしれない言語コミュニケーションそのものを阻止す

る結果にもなることから、非言語コミュニケーションは言語コミュニケーション以上にステレオタイプに強い影響があるといえるのである。

## 2. 不公平な基準

　*Legally Blonde*（注7）（『キューティー・ブロンド』）は、映画化され大ヒットをした小説である。主人公、美しい金髪女性エルは、恋人ワーナーからのプロポーズを期待したディナーで、スタンフォードのロースクールへの進学を機に交際を解消することを言われてしまう。彼の愛を取り戻すために、志すなどと今まで夢にも思っていなかったロースクールへ行くことを決意し、見事合格しスタンフォードに進学する。しかし、ワーナーにはすでに由緒正しい家の出身で保守的な東部のエリート学生風の格好をするフィアンセのサラがおり、東海岸のエリート意識の強い学生達を始めとして誰もが、金髪にピンクを中心とした華やかな装いと、西海岸風の振る舞いのエルを、場違いな場所にいる存在、軽薄なものとして見下しているのは明らかである。エルとは親しく話そうとはしないのだから、周りの判断は、主として彼女の非言語コミュニケーションを基にしている。自分らしく自分の思うままの姿でいたいという思いを貫きながら、自分が何者かを知らせるチャンスさえ与えられないで、勝手に場にあわない存在と見なされることの不愉快さをどう解決していくのか——これがエルにとっての難問となる。エルは、その中で、自分の望む非言語コミュニケーションを維持したままで、ワーナーを取り戻すためにロースクールで努力をし続ける。小説で一貫して彼女らしい非言語コミュニケーションの象徴となっているのが、小説のタイトルでもある "legally blonde"（「本物の金髪」）である。エル自身も、金髪女性に向けられる世の中のステレオタイプに気がついてはいる。"Any twenty-three-year-old married to a seventy-four-year-old with a heart condition is a blonde, I guarantee it." (p.154)（「心臓に問題がある74歳の男性と結婚するような23歳の女性であれば、もちろん金髪ね。保証するわ。」）しかし、自分にとっての「金髪」の持つ意味は、生まれつきの金髪かど

うかでも、社会が持つステレオタイプでもなく、何事にも偏見を持たない純粋な心を持つという点にあると信じて行動しようとする。

最初はワーナーを取り戻すことに目的があったのだが、次第に彼女は、そうした金髪美人である自分と別れてふさわしい女性と結婚すると言ったワーナー自身の考えそのものに懐疑的になっていく。

He grabbed her shoulder and tried what he thought was a flattering approach. 'Elle, listen, this law school thing is ridiculous for you. I mean, let's face it. Who are you trying to impress? Really, women like Sarah, *they* go to law school. They *belong* in law school. Come on, do you really see yourself as a lawyer? (pp.247-248)
（彼はエルの肩をつかんで、うれしからせると自分では信じ込んでいる方法をしてみた。「エル、ねえ。このロースクールは、君にはばかげているよ。わかるだろう。誰を感心させようと言うんだい。サラのような女性が、ロースクールに行くんだ。ロースクールが彼女らの居場所ってわけだ。ね、弁護士の自分が考えられる？」

"I got the same internship as you, Warner Huntington," Elle spat. "And as your precious Sarah. What make you think I'm not as *serious*?" (p.248)
「あなたと同じインターンシップを私も得たのじゃなかったかしら。ワーナー・ハンティントン。」エルは言った。「そして、あなたの大事なサラも。一体全体、なぜあなたが私は同じくらい真剣でないって言えるの。」

そのワーナーは、裁判で見事な推理を示し勝利したエルに、「金髪」で「美しく」ても、「知的」であるなら、自分も選べるのだとあっさりと復縁を申し出る。

'Elle, come on, you know. I thought I'd have to marry Sarah, because she...oh God, Elle, she had the brains and everything. You know my family. I mean, I wanted to be with you, really, but everyone...everyone thought you were so flaky.' Warner laughed heartily with Elle, who encouraged him with a warm gasp to continue.
'A frosted flake? Me? "Elle giggled in faux humility, glancing to assure herself that Sarah heard. 'Little ol' Barbie doll me?"
"Oh, Elle, come on, you act like the biggest bimbo around.' Warner chucked, positive that Elle shared his humor. 'I mean, you should just hear what people say about you

## 5章 非言語コミュニケーションとステレオタイプ——選択するヒーロー—— 63

at law school!' (p.267)
(「エル、ね。僕はサラと結婚しなければならないって思っていたんだ。だって、エル、彼女は、頭もよければ、全て持っているだろう。知っているだろう、僕の家族を。僕は君といたかったんだけどね、本当は。でも、みんなが君はいかれてるって言うし。」エルはワーナーと大笑いした。その後、暖かくうなずいて、彼に続けるように示した。「いかれた？ラリっちゃったやつってこと？私が？」エルは傷ついたふりをしてくすくす笑った。サラが聞いているのを確かめるためにちらっと見た。「小ちゃなバービー人形の私が？」「エル、ねえ。今、君はなんか最大の馬鹿娘みたいに話しているよ。」エルが自分のユーモアを分かってくれたと確信して、ワーナーは笑った。「つまり、ロースクールでみんなが君のことをどう言っているか聞いていたらね。」)

'Elle, I'll leave Sarah,' he gushed. 'I don't need her anymore. You are smart! Christopher and my father go all the way back to prep school, and with the glowing description he'll give of you, my family will have to love you! You've got the brains and the body. Thank God! Why did it take me so long?' He smacked his head jokingly. 'Right here all the time. The one woman who really knows me.' (p.267)
(「エル、サラとは別れる。」勢いよく言った。「もう彼女はいらない。君は賢いもの。クリストファーと父さんはプレップスクールで一緒だったから、彼が君について説明してくれたら、父さんも気にいるよ。君は頭もよくて体もいいんだからな。あ、なんでこんなに気づくのに時間がかかってしまったんだろう。」自分の頭をおどけて叩いてみせた。「ここにずっと、僕を本当に理解してくれる女性がいたのに。」)

「頭と体を兼ね備えているのであれば、君を選ぶよ」というワーナーの言葉に、ついにエルは自分をスタンフォードに来させた理由であった男性の本質を完全に理解する。"Warner, I do know you now. I didn't know you at all before" (p.267)(「ワーナー、今私はあなたがわかったわ。私はあなたを前には全然わかっていなかったのね。」)さらに、彼女は、"No, Warner. I didn't know you,' 'I loved some image that you never really were." (p.268)(「そう、ワーナー、私は、あなたをわかっていなかったの。本当のあなたではないイメージを愛していたのね。」)と続ける。今のエルには、そうした自分の犯した勘違いを彼がかつて自分に言った言葉をまねてこう言うだけの自信がある。

'It's not your fault. "That had to do with me, not you,'"

'Good-bye, Warner,' Elle said as she started down the steps. She paused, turning back with a smile. 'I'll see you around.' (p.268)
(『あなたが悪いのではないわ。』『私の問題なの。あなたが問題なのではなく。』「さようなら。ワーナー。」エルは階段を降り始めながら言った。そして立ち止まり、微笑みながら後ろを振り返り「またね。」)

　彼の申し出を断り、理由をはっきり言い、笑顔で立ち去った彼女に、多くの女性がすっきりしたであろう。「金髪」で「美しい」という非言語コミュニケーションを見るだけで本質を見ることができない男性に今まで振り回されたことに気づいた今、その男性を責めるのではなく、自分自身の判断にその責任があったと言って、「笑顔」で会話を終えたことが素晴らしいのである。
　小説は、この「金髪」にかけた言葉で終わる。エルをサラが訪ねる。サラも、婚約者のワーナーのつれない言葉を聞き、彼の軽蔑すべき本質を見てしまう。それは取りも直さず、サラ自身が、エルの非言語コミュニケーションのみで本質を見ていると思い込んで、実は、ステレオタイプに基づいてコミュニケーションしていたという、自分の軽蔑すべき行為に気づくことでもある。戸をあけたエルの前に立っていたサラは、ボブスタイルにヘアバンドといういつもの東部のエリート優等生の髪型ではなく、美容院であつらえたハイライトをつけた髪である。同時に、もう一つ非言語コミュニケーションが変化している。彼女の指から婚約指輪がなくなっている。サラは、続けて、自分の仕上げたプロジェクトを差し出し、エルの考えも聞かせてもらえないかと言う。"Sarah was highlighted, but still brunettely sensible." (p.272)(「サラは、ハイライトは入れたけれど、ブルネット風には繊細であった。」)サラのこれからの友情関係を示唆するようなこの申し出を受けながら、エルとサラの会話はこう続くのである。

　'After all, you're blonde at heart now.' 'A true blonde,' Sarah laughed, remembering Elle's mini-essay. 'Naturally,' Elle said. (p.272)
(「結局のところ、あなたは、心はブロンドね。」「本当のブロンドってわけね。」サラはエルの小エッセイを思い出し笑った。「当然。」エルは言った。

「金髪」という外観のみで「愚かで気のよい」と判断する社会に対して、最も突き詰めたところにある「金髪」のイメージの「無邪気」さらに、「純粋」を心で維持すること、そして、「真の、染めていない、あるがままの」という意味での「金髪」を自分の心のあり方とすること、つまり「本当のブロンド」仲間、今のエルにはそれがわかるのである。

### 3. バービー人形

　エルが「小ちゃなバービー人形の私が？」とワーナーに皮肉で言う時の、その「バービー人形」は、発売のマテル社の年売り上げの半分近い20億ドルの売り上げをあげ、10億以上のバービーが150カ国で販売されている。3歳から11歳までの典型的アメリカ人は、平均10個のバービーを持っていると言う(注8)。「バービー人形に見える」ことでエルが蒙った勝手なイメージも、実は、「バービー人形には見えない」ことで苦しむ女性から見れば、羨ましい位かもしれない。素晴らしいプロポーション、豪華な服、家、車というバービーに付加されている価値観について警告を発する者もいる。例えば、1965年の＜パジャマ・パーティ・バービー＞の付属品に、50キロを指したままの体重計があり、バービーがベッドで読む本――「減量のすすめ」――には、「食べないこと」というアドバイスが書かれていた一方、ケンのパジャマの付属品には、コップに入ったミルクとケーキがあるという事実をである(注9)。あるアメリカの精神科医は、こうしたバービーは、外見がバービー人形のように見えない限り、愛されないし、ケンを見つけることはできない、と思わせ、少女達の自己尊重、自信、そして自分自身について持っている良い気持ちを打ち砕く一番のものとなっていると指摘している(注10)。エアロビックスのインストラクター、パイロット、ビジネスウーマン、オリンピック選手、宇宙飛行士、大統領候補にまでなるというようなバービー人形の少女に対するモデルとしての役割が多彩である事実をもってバービーを擁護し、上記のような悪影響を唱える意見に反論する者もいる。しかし、それに対しても、バービーはそうした職業

を持つ時でさえ、髪も振り乱すことなく、赤い爪も割ることはない点を挙げ、結局は、「完全な体と顔を持っていれば、何にだってなれるんだ」というメッセージしか、少女には送っていないとも反論されうるのである[注11]。

　さらに、何にでもなれるバービーも、結局は「女性もなりたければ話題の職業に一時的に変身だけはできる」といったようなファッション感覚に似た感覚を与えているだけかもしれない。1986年の宇宙飛行士のバービーに対して、少女達の出した衣装への希望は「膝までのブーツ、ミニスカート、シルバーメッシュのストッキング」[注12]であったし、実際に発売されたバービーも、宇宙服としてホットピンクのミニスカートに透明のプラスチックのヘルメット、ぴったりしたピンクのボディスーツ、銀色の宇宙ランジェリーまで持っていたのである[注13]。

　バービー人形そのものに見えるエルが、賢くないというステレオタイプに憤慨する一方、バービー人形からかけ離れた容姿ゆえに、男性に選ばれるチャンスがないと悩む女性もいる。そのどちらも、同じように社会のステレオタイプの被害者なのである。そしてマイノリティグループである女性は、そのステレオタイプと闘うことで、社会で自分らしく生きるチャンスを得なければならない場合が男性よりも多いといえるのである。


## 4.　女性のステレオタイプ——強い女性

　映画『ミリオンダラー・ベービー』が、2004年アカデミー作品賞、監督賞、主演女優賞、助演男優賞と主要な四つのアカデミー賞を取って話題になった時、すぐに連想したのは、ステレオタイプと闘い自分らしさを求めてボクシングを戦う強い女性であり、原作の小説 *Million Dollar Baby* [注14]（『ミリオンダラー・ベービー』）にも同じようなものを期待して映画の公開前に読んでみた。フランキーという初老のボクシングジム経営者と、彼をトレーナーとした女性ボクサーのマギーとの間の心の交流を中心にしたという短編は、ステレオタイプどおりの世界そのままである。そこには、現実の世界以上にステレオタイプ

化されたような人々が出てくるように感じる。娘との仲違いをしたままの不器用な男、貧しい境遇から這い出し、自分らしさを証明する唯一の手段としてのボクシングにかける女。それぞれの状況が、さもありなんという状況ばかりである。例えば、ミズリーの田舎町で、父親を無くしたマギーの家族達の状態は以下のようなものである。

> Her oldest sister, Mardell, ran off when she was fifteen. Her bother Eustace was in jail. The other one, J.D., was a corporal in the army. J.D. had four kids and a pregnant wife and was collecting welfare just to get by. Her other sister still lived with her mother both of them weighing over three hundred pounds. Welfare catfish or fried chicken, they lived on biscuits and gravy, Oreos, and Always Save cola. (p.68)
> （一番上の姉のマーデルは15歳で家出をした。兄のユースタスは刑務所だ。もう一人の兄は軍隊で伍長だった。4人の子どもがいて、妻は妊娠中、生活保護で生きのびていた。もう一人の姉妹はまだ母親と住んでいたが、どちらも300ポンドを超えており、生活保護の切符で買えるナマズやフライドチキン、グレービーソースをつけたビスケット、オレオクッキー、そして安価なコーラで生きていたのだ。）

マギーの成功の後、フランキーをトレーナーにしようとやってくる女性ボクサー達もそうなら、マギーにとって最後となった試合で、彼女を四肢麻痺の状態にした野卑なボクサーも、ありそうなタイプである。もちろん、小説は、現実を基にする。ある程度現実のステレオタイプどおりでなければ、描いた社会の中で、物語が現実のものとして読者に共感を与えることもないだろう。ステレオタイプが全く影響しない小説など、小説ではあり得ないであろう。その中に読者は浸り、一緒に生きているように感じるためには、必要なのである。しかし、この小説ではなぜ気に障るのだろうか。それは、社会のステレオタイプと闘った女性として主人公を登場させながら、そのマギーを取り巻く他の全ての女性は、最後まで、あまりにも女性が与えられてきた社会の低いステレオタイプ通りであり過ぎるからである。本来女性に対するステレオタイプを嫌がり、強いボクサーであろうとしていたマギーの周りには、ステレオタイプ通りの劣った女性ばかり散りばめているところに、マギーを引き立てるという目的（だと仮定しても）をはるかに超えた作者自身の固定された女性観のようなも

のが存在するように思える。例えば、マギーの母親は、以下のように語られる。

"See, Mama wasn't born bad, but what she needed was a keeper. She was the prettiest little ol'thing you ever did see, and afterwards I saw after the kids, and she went to waitressin to keep the house. Lost it, a course, and we become standard trailer trash. (p.91)
(「母さんも根っから悪い人ではないわ。でも守ってくれるような人が必要だったのね。本当に昔風のかわいい女だったの。私が子ども達の世話をして、母さんは家を保つためにウェイトレスに出たのだけど、結局家も失って、お決まりのことで、つまんないトレーラー暮らしに落ちたの。」)

さらには、マギーさえも強い女性であるのは、ボクシングという点だけである。そのボクシングにおいても、彼女が、その評価を気にかけたのは、父親であり、トレーナーという強い男性だけである。二人にどう取られるかが、彼女の自分自身の評価の基準にある。

"Ah, Jaysus," Frankie said. "I knew I was wrong to train you." "Don't say that," Maggie said. "Hail, workin with you was the only time since Daddy passed I had respect. Hey! and we almost did her, too, didn't we, boss?, huh? Almost made me the world's first Million Dollar Baby!, ain't that rat?" She smiled but then had to look away, her lips quivering. "Daddy'd a been proud." (p.86)
(「あ、何ていうことだ」フランキーは言った。「おまえをトレーニングするのは間違いとわかっていたんだ。」「そんなことは言わないでください。」とマギーは言った。「あなたと過ごした時間は、父さんが死んでから私にとって唯一の素晴らしい時間だったのですから。本当、もう少しで、私たちは彼女を打ち負かすところでしたね。ね。もう少しで、世界最初のミリオンダラー・ベビーになるところだったでしょう。素晴らしいことでしたよね。」彼女は微笑み、それから顔をそむけた。唇が震えていた。「父さんが生きていたら、誇りに思ったわ。」)

そして、最後のマギーが死を望むという選択にいたっては、それで作者は強い女性にさせたつもりなのかと反感さえ感じてしまう。女性のステレオタイプと闘い生きようとすると想定されたはずのマギーにさえ、本当は作者の暖かい

5章 非言語コミュニケーションとステレオタイプ——選択するヒーロー—— *69*

視線はないような気配を感じてしまう。マイノリティグループの選択としてマギーはボクシングを選ぶ、その後、不自由な身体になった彼女は、さらに社会のマイノリティグループとなった。そこで強く生きる選択をしてくれたら、彼女の強さは少なくとも生のために意味があったのであろう。尊厳死という言葉がこの映画の宣伝によく使われていたが、マギーは、不自由な身体条件でも生きるだけの生命力を十分持っていたのであり、生命維持装置を外すことで自然な死をもたらそうとする尊厳死とは異なる。アカデミー賞がらみで映画が話題になった時に、一人の強い女性像がそこで描かれたとのかと思い込んだ私の期待から言えば、自己実現を社会の制約された状況の中で叶えようとした女性であれば、本当に限られた自己実現の選択しかないないように見える身体状態でも、生きることを唯一の方法として選ぶのではないか、自然とそうさせるべきではないかと思えるのである。多くのマイノリティグループとしての女性としてステレオタイプを押し付けられて生きたと感じる人々は、貧しさと女性に向ける社会の閉塞感の中で這い上がり、ボクサーとして生きることで少なくとも社会のステレオタイプに反撃したはずの彼女には、再度反撃に出て生の道を選んで欲しかったと思っている、そんな気がする。マギーの選択は、その点でも、マギーに対して自分自身の問題を重ねようとした女性に対する裏切り行為なのである。

　映画について言えば、そもそも原作である小説が、ステレオタイプを超えた強さを彼女に求めていない以上、映画で求めることもないわけで、原作に忠実に同じような印象を与えて映画は終えたという感じであった。映画批評のネット掲示板でも、突然の死という展開にちょっと引いてしまったというコメントをいくつも見た。引いた気持ちになった者の多くは、必然性もない死の登場という唐突さを指摘していた。結局、彼女の強さの証明は、「女性でボクサーである」一点にしか示されなかったのである。「強い」はずの彼女に「死」を疑うこともなく選択させるという一貫性の欠如こそ、マギーが本当の意味での「強い」女性像を与えてもらえなかった証拠であるように思う。

## 5. ステレオタイプの呪縛

　2005年末に、新しく決まったジェームズ・ボンドは「金髪」であることにファンが抵抗感を持っているというニュースを学生と読んだ。「ボンドガールが金髪なのは問題ないのだけれど、ボンドが金髪というのは駄目なのね」と思わず笑ってしまった。「金髪の男優がボンドを演じるだけで駄目とされるのは男性にも不自由なことでしょう。でも、少なくとも、ボンドは映画の主役だから、まだ男性の方が非言語コミュニケーションにおいても楽なのよね。」と学生には言っておいた。さらに2006年3月には、ハンサムでもない（と見なされた）そのボンド役の俳優に抗議して、ボイコット騒ぎも起きているというニュースがあった。非言語コミュニケーションは、私たちが意識する以上に、私たちの判断や行動に大きな影響を与えているのである。最終的には、非言語コミュニケーションの領域で文化のステレオタイプを見る時、そこに私たちが考えていく課題なるものもみえてくる。『装置としての性支配』の中で、江原は、上位にたつ男性と下位に置かれる女性という構図を維持している文化の非言語での諸相を紹介している(注15)。大学生が「誰もいない暗い家」に帰ることをテーマにディスカッションする時、共働きをしても「僕」（男性発言）、つまり「夫」（女性発言）や「子ども」（女性発言）には経験させたくないという発言のみが出ることを紹介し、男女ともに、「誰もいない暗い家に帰る妻」については問題視しない社会について筆者は問いかけているのである。
　そういう社会であれば、なおさら、マイノリティグループの者がステレオタイプの呪縛から飛び立つことは容易ではない。だから、ステレオタイプからの解放が、本当は誰の視点からされていて、かえって勝手なステレオタイプをさらに付加されているだけではないか注意をしていくしかないのであろう。ほんの軽い小説とおそらく誰にも言われるであろうが、自分のありたい姿で生きながら、最後は望んでいたはずの男性をふって一人立ちし、判断の間違いは「私の問題」と言ってみせた主人公エルの強さに拍手したい一方、映画公開に際して感動ものという言葉でさかんに宣伝されていたが、ボクシングをして強いだ

## 5章 非言語コミュニケーションとステレオタイプ──選択するヒーロー── 71

けで、結局は、「父親」と「男性トレーナー」だけを尊敬するという、男性に都合のよさで、最後は簡単に死を選ぶような決断をさせられる主人公の女性の設定に、本当に感動するべきなのかどうか警戒感を持たなければならないのは、そのせいでもある。おそらく「異文化コミュニケーション」の網羅する全てのカテゴリーにおいて強者のカテゴリーに立てる人はいないのである。豊富なステレオタイプの世界で、ステレオタイプの問題の普遍性に気づくかどうかは、蔑視語、PC、エスニックジョーク、マスメディアでの描き方といった社会における力構図の反映を事実のレベルとして捉えて終わるのではなく、反撃に入らざるをえなかった人々の視点に立ってみることができるかどうかに関わってくる。ひいては、自分自身の問題として、その普遍性を還元できる能力にも関わってくるのである。

## 6章　ステレオタイプ
――子どものヒーローに課せられた別れ・死・現実――

### 1. 子ども時代

　「子どもってそういうもの。」「子どもの時はそういうもの。」と誰かが言うのを聞く度に、その言葉の前提にある定義を書き留めていけば、子どもや子ども時代を定義する長いリストが出来上がるであろう。子どもなるもの、子ども時代なるものは、一つの定義でおさまることはできないことは明らかである。いつでも対照的な考えが、同時代の同文化に存在する。子ども時代をどう考えるかについて、ホリンデイルが二つの対照的な見方を紹介している[注1]。一つは、子ども時代を本質的に大人になるための準備期間ととり、子ども時代は、その過渡期として、大人としての自己に向かう途中とする。もう一つは、子ども時代を、人生の自立性のある時期とみなし、子ども時代を人生経験の一経験として認める。前者の考えを取れば、大人になるための成熟に役立つ学習や成長の面が強調されることになり、後者の考えを取れば、一人の子どもとしていられるために手助けをすることが大事になる。どちらにしても、これらが一致するのは、立場に大きな違いはあっても、「子どもは大人になる」ことと、そのために、「子ども時代は発達途中の一過程である」ということである[注2]。

　子どもから大人になることについて、認知科学の観点から佐々木がこう書いている。

　　社会が個人の「自己の確立」を支えつつ、個人の「社会化」を助け、さらに個人の「社会への参加」と同時に「世界認識」の基盤を与えていく、というプロセスは、現代の私たちの発達や教育における歪みを明確にうつし出してくれる。すなわち、私たちは子どもの成

長における「アイデンティティ」を、個人のパーソナリティ形成の過程として、いわば「本人が（自分で）獲得するもの」とみなし、人が社会化するとは、まさに社会の一員（One of Them）としての「無名的な」扱いに慣れていくことと考えがちであった。（中略）したがって、子どもの方でも、世界を認識し、社会を知るということは、「自分（ワタシ）」とは無縁の、「みんな（カレラ）」の営みを「内化」することによって達成するのだ、と考えていたのではないだろうか。その結果、世界のできごとに対して、妙に「さめた」認識が獲得され、本当の意味で「感動する」認識を忘れてしまっているのではないだろうか。(注3)

確かに、子どもから大人になることを、社会の一員になる、無名的なるものの扱いに慣れる、健全で普通の過程ととらえる私たちの現代社会のシステムの中で、子どもから大人になることのプロセスは、子どもにはとても厳しいものであろう。今の子どもとしての自分から「かれら」の営みに、自分で入っていくことが期待される。そこには、「かれら」大人から見れば「異文化である子ども」としてのステレオタイプが出来上がり、時には一方的な大人からの教育的なる指導の押し付けにつながっていく。

## 2. 子どものステレオタイプ——必然的な別れ

社会を動かすのが大人である以上、マイノリティグループとしてステレオタイプを押し付けられた子どもからすれば、勝手なステレオタイプで扱われた上、最終的には、そのステレオタイプをしている側の大人の方へ自分が入っていかなければならないために、大きな覚悟のステップが要求されてしまう。そして、そうしたステップの大変さを普段は忘れてしまった大人は、うまくそこを超えてこないように見える子どもを一方的に責める。しかし、全ての大人が自分のそのステップを完全に忘れ去っているわけではない。例えば、子ども時代に読んだ『くまのプーさん』や『ピーターパン』を大人になって再度最後まできちんと読んだ時、子どもの時には読んでも泣かなかったはずのこれらの話に泣きそうになったことが、その大人の私にはある。物語の最後にあった子ど

もから大人になるしかないことへの悲壮な覚悟、そして、実は覚悟しようとしまいと起こるしかない大人になるという厳然たる事実、決して戻ることのできない子ども時代への思い——そうしたことを、大人になったからこそ感じ取り、同時に記憶の中にある自分の子ども時代を思い出しなつかしむことは大人もできるのである。

　*The House at Pooh Corner*<sup>(注4)</sup>（『プー横丁にたった家』）の最後、クリストファーは、これからはプーさんと美しい想像の森で過ごすことが出来なくなることを言おうとして、どうしても言えない。

> "When I'm—when—Pooh!" "Yes, Christopher Robin?" "I'm not going to do Nothing any more." "Never again?" "Well, not so much. They don't let you." Pooh waited for him to go on, but he was silent again. "Yes, Christopher Robin?" said Pooh helpfully. "Pooh, when I'm—you know—when I'm not doing Nothing, will you come up here sometimes?"（pp.342-343）
> （「プー、僕がね。」「何、クリストファー・ロビン？」「僕は、もう何もしないではいられなくなるんだ。」「ぜんぜん駄目なの、これから？」「うん、そんなにはね。そうさせてはもらえないんだ。」プーは彼が続けるのを待っていました。でも、彼は黙ってしまったのです。「何、クリストファー・ロビン？」とプーは勇気づけるように言いました。「プー、僕が何もしないではいられなくなっても、君は時々はここに来るよね。」

結局、彼はプーに言うことができない。

> "Pooh," said Christopher Robin earnestly, "if I — if I'm not quite —" he stopped and tried again— "Pooh, whatever happens, you will understand, won't you?" "Understand what?" "Oh, nothing." He laughed and jumped to his feet. "Come on!"（p.343）
> （「プー」とクリストファー・ロビンは熱心に言いました。「もし、僕が全然」そしてやめて、また言おうとしました。「プー、何がおきても、わかってくれるよね。」「わかるって、何を？」「うん、何でもないよ。」彼は笑って、飛び起きました。「さあ、行こう。」）

しかし、言う必要もないのだ。同じように子ども時代に別れを告げた者のおそらく誰もが、その想像の国で一緒に生きていた者達への永遠の別れをはっきりと口にすることはなかったのであるから。いつ起こったのかわからずに誰もが

6章 ステレオタイプ——子どものヒーローに課せられた別れ・死・現実—— 75

その日を迎えていたはずなのだから、彼も結局そうしたのに過ぎない。そして"They don't let you." の、その大人 "they" に彼もまたなっていくしかない。"do Nothing"「何もしないこと」を楽しむわけにはいかない大人になる時、空想の美しい森には行くこともなく、プーさんもついて来ることはないけれど、他の大人と同じように、大人になってしまった彼でも、子ども時代の思い出の中のプー達を優しく暖かい気持ちで記憶から呼び起こすことだけは、彼が望むのであればできるのである。

*Peter Pan*<sup>(注5)</sup>(『ピーターパン』)でも、同じような別れがある。春の掃除のシーズンには戻ってくるといったピーターパンが戻ることがなくなった頃、マイケルがウェンディに言う。

> "Perhaps he is ill," Michael said. "You know he is never ill." Michael came close to her and whispered, with a shiver, "Perhaps there is no such person, Wendy!" and then Wendy would have cried if Michael had not been crying. (p.162)
> (「病気かも。」「病気にならないのはわかっているでしょ。」とウェンディ。「存在しなかったのかも。」マイケルが近づき震えてささやく。それを聞くウェンディも、マイケルが泣いていなかったら泣いていたでしょう。)

マイケルもウェンディも子ども時代を置いていく日が、いずれ来る。その子ども時代の証だったピーターパンとの遭遇、心浮き立つような一緒の飛行も、存在しなかったのだと思うことは悲しい。だから泣きたい。子ども時代は存在していたし、ピーターパンは確実にそこには存在したいたと記憶しなければならない。やがて大人になり結婚し、自分の子どもを持つウェンディは、子どもに、ピーターパンと自分の飛行について語る。存在していたと信じることはできる。でも大人になった自分は飛ぶことができないことも同時にわかったのだ。彼女にはどうしようもないことで、それを嘆き続けることもない。しかし、子どものままでピーターパンと一緒に飛んでいけない、大人になった自分の過ぎ去って戻ることのない子ども時代への一瞬の痛みがある。

"Why can't you fly now, mother?" "Because I am grown up, dearest. When people

grow up they forget the way." "Why do they forget the way." "Because they are no longer gay and innocent and heartless. It is only the gay and innocent and heartless who can fly." "What is gay and innocent and heartless? I do wish I was gay and innocent and heartless." (p.164)
(「なぜ今は飛べないの、お母さん？」「大人になったからよ。大人になったら、飛び方を忘れてしまうの。」「なぜ忘れてしまうの。」「大人は、陽気でも無邪気でも無鉄砲でもないからなのよ。陽気で無邪気で無鉄砲な者だけが飛べるのだから。」「陽気で無邪気で無鉄砲ってどんなこと？私は陽気で無邪気で無鉄砲だったらいいな。」)

結局、ウェンディは、最後にピーターパンが戻ってきた時には、大人になって飛べない自分を悲しく思う瞬間を持つのである。ウェンディとピーターパンとの別れは、大人になって再度遭遇したがゆえに、プーさんとクリストファーの別れより痛みがある。

"Hullo, Peter," she replied faintly, squeezing herself as small as possible. Something inside her was crying "Woman, woman, let go of me." (p.166)
(「こんにちは、ピーター。」彼女は消え入りそうな声で、できるだけ自分を小さくさせて答える。彼女の中の何かが叫んでいる。「大人の私、大人の私、出ていって。」)

"If only I could go with you," Wendy sighed.
"You see you can't fly," said Jane. (p.168)
(「あなた達と行けたらいいのに。」とウェンディはため息をついた。「母さんは飛べないでしょ。」とジェーンは言った。)

ディズニー映画の『ピーターパン』の最後は、飛ぶことへのあふれるような賛歌で終わる。「君も望めば飛べるよ」と喜びを分かち合う。しかし、実際は、子ども達は望んでもピーターのようには飛べなくなるのである。プーさんのちょっと抜けたような愛らしさばかり強調されるディズニーのプーさんの新シリーズでも、クリストファーとプーの別れは存在しない。どちらも子ども向けのアニメとしてのエンターテイメント作品であるから、子ども時代の終わりを子どもに伝える必要はないのだという点では、何ら責められることでもないのだとわかっているのだが、それでも原作を知っている者が残念に思うのは仕方

がないだろう。子どもの子どもたる素晴らしさは、子ども時代だけ一緒に生きる空想の友にあり、それをいつか失うことに子どもの必然的な痛みがあるのだという原作の終わりは、そこには全く消えている。その別れこそが子ども時代がなぜ誰にとっても美しくかけがえのない記憶にとどめたいものなのかを説明するものなのだ。「100エーカーの森でプーさんと遊ぶ」「ピーターパンと一緒に飛びネバーランドへ行く」ことは、子どもであるがゆえに出来る素晴らしいことであり、その力をいつか失うがゆえに、子どもは大人以上に、それを子ども時代に楽しむべきなのである。そうした特別の意味を持つ子ども時代への思いが原作にはこめられている以上、どんな形のエンターテイメント作品にしても、わずかでもよいからその原作の意味を残してほしかった気がする。結局、全ての概念を単純化した夢物語的な一つの解釈で表現してしまうディズニー映画にそれを期待すること自体難しいのかもしれない。

### 3. 子どもに与えられた死

　一方、児童文学、言い換えれば、子どものための文学、子ども時代に与えられる文学、を冠した作品には、悪と見なされる側の死、子どもには自分のような個人としては絶対に認識されない側の死が、当然のように出てくる。彼等は、ストーリー性において子どもが理解できる絶対の悪の側、悪の手先、悪の帝王、等なので、子どもは自分に重ねることがないゆえ、死の恐怖感を持たない。そのため、問題なく簡単に受け入れることができる。そうした死以外にも、子どもの側にとって感情移入しやすい、主人公であるヒーローの味方や、大きな意味を持つべき人物が、読者である子どもにとっても明らかに個人として重要そのものに感じられる役割にも関わらず、死が与えられ、物語の展開に影響することが往々にしてある。このような人々の死は、物語の始まりの前に起こった既成事実としては、かなりの頻度で登場する。例えば、有名な『ハリー・ポッター・シリーズ』でもそうである。物語の始まる前に起こったハリーの両親の死は重要な出来事として存在する。この『ハリー・ポッター・シ

リーズ』のシリーズの1作目 Harry Potter and the Philosopher's Stone [注6]（『ハリー・ポッターと賢者の石』）で、私が個人的に好きなのは、親の死後に引き取られた叔母一家とでは満たされない家族的役割を代わりにすることになる、魔法学校でハリーを取り巻く大人との関係である。学校の大人との関係が、彼の家族関係を補う。そうした家族のあり方を児童文学に書いたことも人気の秘密かもと思ったりしたこともある。例えば、

> Hagrid wiped his nose on the back of his hand and said, 'That reminds me. I've got yeh a present.' 'It's not a stoat sandwich, is it?' said Harry anxiously and at last Hagrid gave a weak chuckle. 'Nah. Dumbledore gave me the day off yesterday ter fix it. 'Course, he shoulda sacked me instead—anyway, got yeh this...' It seemed to be a handsome, leather-covered book. Harry opened it curiously. It was full of wizard photographs. Smiling and waving at him from every page were his mother and father. 'Sent owls off ter all yer parents' old school friends, askin' fer photos...Knew yeh didn't any...D'yer like it?' Harry couldn't speak, but Hagrid understood. (p.220)
> （ハグリッドは手の甲で鼻を拭いて行った。「あ、それで思い出した。おまえにプレゼントがあった。」「オコジョのサンドウィッチじゃないよね。」とハリーは心配そうに聞いた。ハグリッドは軽く咳払いして渡した。「違うね。ダンブルドアがこれのために一日暇をくれたんだ。もちろん、代わりに働かせるけれどね。ともかくこれだよ。」それは、美しい革張りの本だった。ハリーは興味津々で開いた。魔法使いの写真で一杯だった。彼に微笑み手をふる父親と母親が、どのページにもいた。「ふくろう達をおまえの父さんたちの昔の学校の友達全部に送って、写真を頼んだというわけだ。おまえが全然持っていなかったからね。気に入ったかい。」ハリーは答えなかった。でも、ハグリッドにはわかった。）

暖かい家族関係を一度も経験することがないハリーに向けた、この大人の優しさは、多くの人に印象深いのであろう。映画では、それを最後に持ってきて終えている。原作以上に「家族」の意味することを強調していて、映画で私が好きなシーンである。

この血のつながりを超えて子どもが持つ「家族」という考えは、丁度、The Wonderful Wizard of Oz [注7]（『オズの魔法使い』）でドロシーが彼女にとって"home"家を恋しがる時と同じであろう。父親と母親がいなくても、「家」「家族」が出現する。それはドロシーの場合のように、素っ気なく見えるおじさん

## 6章 ステレオタイプ——子どものヒーローに課せられた別れ・死・現実——

やおばさんであったり、ハリーの場合のように、何とも不器用な話し振りの大男のハグリッドであったりする。その子どもを思う優しい眼差しが彼等の内にありさえすれば、そこに子どもにとっての「家」「家族」が出現するのである。『オズの魔法使い』で、ドロシーのカンザスの家のエム叔母さんとヘンリー叔父さんについては、華やかな色彩が全くない厳しい人生を暗示させる記述で始まり、読者である子どもには十分過ぎるほど印象的であろうと思われる暗さである。

> When Aunt Em came there to live she was a young, pretty wife. The sun and wind had changed her, too. They had taken the sparkle from her eyes and left them a sober gray; they had taken the red from her cheeks and lips, and they were gray also. She was thin and gaunt, and never smiled, now. When Dorothy, who was an orphan, first came to her, Aunt Em had been so startled by the child's laughter that she would scream and press her hand upon her heart whenever Dorothy's merry voice reached her ears; and she still looked at the little girl with wonder that she could find anything to laugh at. (p.2)
> (エマ叔母さんは、結婚してきた時は、若くてきれいな人だった。太陽と風が彼女も変えた。目の輝きは失われ、地味な灰色になり、頬や唇の赤みもとれて灰色となった。やせて、ごつごつしていて、決して笑わなかった。孤児のドロシーが最初に来た時、エマ叔母さんは、子どもの笑い声に驚いて、ドロシーのにぎやかな声が聞こえる度に、叫び声をあげ、手で胸を押さえた。今でも、まだ何か笑えることがあるのかと驚いてドロシーを見る。)
> Uncle Henry never laughed. He worked hard from morning till night and did not know what joy was. He was gray also, from his long beard to his rough boots, and he looked stern and solemn, and rarely spoke. (p.2)
> (ヘンリー叔父さんは決して笑うことがなかった。朝から夜まで一生懸命働いて、楽しみなんて知らなかった。彼もまた長い髭から長靴にいたるまで灰色だった。厳しくて重々しく見えた。めったに話すこともなかった。)

読者は、灰色、輝きのなさ、微笑まない、笑わない、そうした二人の強烈な非言語コミュニケーションで彼らを知っただけで、すぐに竜巻に巻き込まれたドロシーとトトの旅の方を追うことになる。それなのに、子どものドロシーが、二人のいる家に帰りたがることに、案山子のようにはっきりと疑問には思わないにしても、何がしかの不安を持っている。カンザスに残っている人達

は、本当にドロシーを恋しく思っているのかしらという心配さえ持つだろう。旅の仲間である案山子の、この灰色のイメージしか与えないカンザスという場所へどうして帰りたいのかと言う質問に対して、ドロシーの返事は明快である。

"Tell me, something about yourself, and the country you came from," said the Scarecrow, when she had finished her dinner. So she told him all about Kansas, and how gray everything was there, and how the cyclone had carried her to this queer land of Oz. The Scarecrow listened carefully, and said, "I cannot understand why you should wish to leave this beautiful country and go back to the dry, gray place you call Kansas." (pp.18-19)
(「私にあなたのことを教えてくれ。あなたの来た国をね。」と案山子が言った。彼女が夕食を終えた時である。そこで、カンザスについて、そこの全てのものがどんなに灰色か、竜巻がどのようにこのオズの奇妙な国に連れてきたかを語った。案山子は熱心に聞いてから言った。「なんであなたがこの美しい国を去って、カンザスと呼んでいる乾いた灰色の国に帰りたいのかわからないね。」
"That is because you have no brains," answered the girl. "No matter how dreary and gray our homes are, we people of flesh and blood would rather live there than in any other country, be it ever so beautiful. There is no place like home." (p.19)
「それは、あなたに悩みそがないからよ。」とドロシーは答えた。「どんなに暗くて灰色でも、人間だったら、どんな美しい国よりも家がいいの。家にまさるところなんてどこにもないのよ。」

ためらいのないドロシーの返答でさえも、不安を完全に払拭させたというわけではない。だから、最後に、ドロシーがついに戻ったカンザスの家でのエマ叔母さんのコミュニケーションは、読者に完璧な喜びを与える。

Aunt Em had just come out of the house to water the cabbages when she looked up and saw Dorothy running toward her. "My darling child!" she cried, folding the little girl in her arms and covering her face with kisses; "where in the world did you come from?" "From the Land of Oz," said Dorothy, gravely. "And here is Toto, too. And oh, Aunt Em! I'm glad to be at home again!" (p.140)
(エマ叔母さんは、キャベツを洗うために家から丁度出てきて、顔をあげたところで、ドロ

シーが走って向かってくるのを見ました。「おお、おまえ」と彼女は泣いて、両腕にしっかりとドロシーを抱き、顔中キスをしました。「一体全体どこにいっていたの」「オズの国よ。」とドロシーは重々しく言いました。「そして、トトもここにいるの。あ、エマ叔母さん。家に帰れてうれしいわ。」

竜巻で別れるまでの言語コミュニケーションは一度も描かれず、「灰色」の印象を与えているだけのエマ叔母さんが、ドロシーをはっきりと"My darling child!"と呼び、両腕にだき、顔をキスだらけにしたのである。ドロシーの帰還に狂喜し、心の内を素直に見せるコミュニケーションを示すエマ叔母さんのいるカンザスは、やはり素晴らしいドロシーの本当の家だったのだ。エマ叔母さんの様子に、うれしい驚愕というべき状態に読者は置かれるというのに、ドロシー自身はさほどエマ叔母さんの対応に驚いていない。エマ叔母さんの内に存在した、家族であるに足りるだけの思いを、すでにドロシーはオズの国に飛ばされる前から知っていたのであり、だから、彼女はあんなにもカンザスの家に帰りたがったのだ——私たちはそこで全てが理解できる。血のつながった親と当たり前のように構成する家族ではなくても、後で作られていく家族がそこまで子どもに素晴らしくあり得るのだ、家族とはこういう人達を意味しうるのだ——そういう子どもへの秘めたメッセージは、ドロシーの親の死、つまり親の不在を物語が前提とすることなしでは描くことはできなかったわけで、やむを得ない死の設定でもあったと言えるのである。

## 4. 与えられる理不尽な死

しかし、いくら好意的に解釈しようとしても不必要に思われるような死も登場することがある。前述の『ハリー・ポッター・シリーズ』の4作目から、ハリーを取り巻く登場人物の少年の死が出てきた。一連のハリーを取り巻く事件の中で、巻き添えとなった形で突然の死を迎えたこの少年の、まさに唐突ともいえる死は、売り上げにおいて世界記録を打ちたてている児童文学としての

『ハリー・ポッター・シリーズ』に対して、少し冷めた気持ちを覚えさせたのは事実である。子どものために書かれた文学で、子どもが主人公の側にいると感じている者に死を課す、それも突然のいわゆる「無意味な死」を、である。そうしなくても、ストーリー自体は同じように動かせるように思えるのに、意外な者の死でもって物語のスリリングなハイライトを作る。これは、作者がセンセーションを呼ぼうとする以外の何の目的の死なのだろうと思わざるを得ない。前項で述べたように、親しい者の死によって、むしろ子どもが自分にとって意味を持つ人々との遭遇や構築していく人間関係を書けるという事実はある。これらはいわば物語上避けられなかった死ととることができる。ハリーにしても、前に述べたような血縁によらない大人との交流を描くためだけでなく、物語の始まる時点で、不可解な形で父母を失っているために、すべての謎を解く大冒険が始まるのだから、彼等の死はまさに仕方がないと納得できるのである。しかし、あえてまたハリーの側に立つ者、敵側でない者の死を物語の続行に入れる必然性はないように思える。死を物語で安易に扱ってはならないのは、子ども向けであれ、大人向けであれ一緒であろう。物語に死を入れることでドラマティックにするということ、例えば、突然、死ぬなんて思えなかった者の思いがけない死に涙しながらも、裏切られたような気がすることを誰でも経験したくはない。優れた物語であれば、そこに出てくる死は、ストーリーの盛り上げのためや意図的な感動を引き出すためではなく、その作品にとって必然的になくてはならなかったものとして必ず感じられるはずなのだと私は考える。

　最近、最終巻まで書き終えたという作者が、主要人物の何人かの死を事ある毎に口にしていることで、『ハリー・ポッター・シリーズ』の最後で誰が死ぬのか、何人死ぬのかという話題がよくあがってくるようになった。主要人物の数人の死を作者が頻繁に口にする行為自体に、『ハリー・ポッター・シリーズ』が、そうした意外な人々の「不必要な死」で興奮を作り出していく作者の意図の基に書かれた物語でしか最後を終えることしかできないのなら、最終的に月日を経て、児童文学の名作として思い出されことはないのではないかという気さえしてくる。前述したように、子どもは、すでに想像の森の中の愛する住

人、一緒に永遠の国に飛んでくれた者を永遠に失うという大きな喪失の日を持つ。彼らはある意味で、そうした永遠の別れを選ぶように運命付けられている。また、現実世界では、当然子どもたちは「理不尽な死」と思われるものを見ていく。ごく普通の日にごく普通と思った瞬間に見知らぬ他者によってもたらされた死を完全に目にしないわけにはいかない。さらには、そうした理不尽な死を生涯避けることはできないのは事実である。しかし、子どものための文学にそれが必要であろうか。センセーショナルな形で作家により示唆される、この主要人物の死の頻繁な予告を残念に感じているのは私だけではないだろう。

　子どもの頃に『ナルニア国ものがたり』を読んだという夫が、その小説自体は好きだったのに、最後まで読んでショックを受けてしまったと言っていたことがある。主人公である子どもたちが、実際は列車事故で死んだ子どもであったという最後を知ったことを指している。この『ナルニア国ものがたり』では、死で子どもが入っていった世界を生き生きとしたものとして描くことで、作者は宗教的な意味を持たせたといわれている。しかし、それでさえも、列車事故での主人公たちの死という事実は、子どもにはかなり唐突すぎるし、その時は必然的な展開には思われない者もいるから一時的にはショックを受けるのである。ただ、この宗教的な意味合いを知って、いつか彼等も納得することはできるのだろう。さらに、衣装ダンスの中に入って出てくるという、現実世界では極めて短い時間なのに、子どもの想像力はそこに永遠の時間を築くことができること、そこにこそ『ナルニア国ものがたり』の救いもあったのである。列車事故が起きるほんの数秒前にアスランからナルニアに連れ去られて、子どもたちは、ナルニアで永遠に生きることになるだろう、という希望を描いたからこそ、『ナルニア国ものがたり』は、凡百のお話とは違って古典になり得たといえる。つまり、子ども時代の豊かな時間に対する讃歌として読むことが可能なのである。『銀河鉄道の夜』のカンパネラの死はどうだろう。誰もそれを批判することはできない。カンパネラに起きたことも、まさにこの物語のメッセージに必要だったことだからである。『ナルニア国ものがたり』や『銀河鉄道の夜』と同じことが、『ハリー・ポッター・シリーズ』の最後に起きるとい

う主要人物の死にも言えるのだろうか。『ハリー・ポッター・シリーズ』のシリーズの1作目を読んだ時は、すでに世界的に話題になった後だったせいで、かなりの感動を覚えるのかも、とページをめくりながら期待する自分の気持ちをはっきりと意識したのを私も覚えている。実際には、感動のような感情は持てなかったが、それでも児童文学を大人である自分が読んだのだから、話題になっているほどには感動しないのは当たり前かもしれないと納得したのであり、後で息子には読むように勧める程度には、おもしろい話だとは考えていた。それからも、ハリー・ポッターの熱烈ファンの学生と話す度に、どこに特に引かれたのかを聞いては、人気の秘密を自分に納得させたり、いささか納得しなかったりを今まで繰り返してきた私にとっては、きっと大したショックではないだろう。でも多くのハリー・ポッターと彼の冒険を愛している子どものために、そして何よりも児童文学とは子どものためにまず書かれたのであろうから、是非「理不尽な死」「無意味な死」は存在しないままであってほしいと思う。

## 5. 「子ども時代」の意味

　イシグロ・カズオの *Never Let Me Go* [注8]（『わたしを離さないで』）は、成人後に臓器提供をするクローン人間として生産されたが、他の多くのクローン人間のための一般ホームで育たず、クローン人間の子どもの育ち方に対する理念を持っていた人々に運営される特別の施設ヘールシャムで育った者たちの話である。普通の人間と同じような教養をつけ、人間の子どものように芸術的にも高みを目指すことを進められたヘールシャムでも、子ども時代の終わりまでには、彼等は、いずれは臓器提供者となる仲間の介護人として生活し、その後まもなく自分も数回の臓器提供をして死ぬことは教えられていく。結局、彼等を待ち受ける運命自体は変わることはない。少しずつ自分の運命は説明されるのだが、それでも、ヘールシャムでは、きちんと語られることはなく、人間らしい教育を受け豊かな芸術活動を試みることがまず推奨される。物語は、そこ

## 6章　ステレオタイプ——子どものヒーローに課せられた別れ・死・現実——

で子ども時代を過ごして今は介護人をしている女性キャシーの回想として語られる。この小説を読むと、「生」「子ども時代」「大人」「死」という人生を直線コースではっきり示され、最後の大人の時間が絶対に変えられない運命を持った者に、「子ども時代」はどんな意味があったのかという問いがつきつけられている気がする。私達はみなこのコースを辿ることを知っている。違うのは、その長さと質なのである。一方、共通しているのは、様々に、しかし子どもの期間であるという意味では共通の子ども時代を生きた後、子ども時代の夢の仲間を失うことと、その後の生きていく先の自分の死は、まさに予測不可能なはるか彼方にある未知のものであるということである。しかし、このクローンの子ども達は、すでに子ども時代の終わりまでには、さほど遠からぬ未来の自分の死を知っている。

　ヘールシャムの子ども時代は彼等に何の意味を持っていたのか。将来について聞いてはいても、完全には自分の将来について理解しえなかった日々、それゆえ、人間らしい教育を受けながら友達と笑い過ごしたヘールシャムの子ども時代は幸せだったのか。非人間的な運命が待つのに、極めて人間的な子ども時代を持ったことが幸せだったのか。その問いについては、物語の最初にすぐ一回答えられてはいる。過去を回想しているキャシーが、介護人になって3年目に、臓器提供者となっているクローン男性の介護人をしていて、彼からヘールシャムでの子ども時代の経験を聞かれた時のことを語る話にである。その頃の彼女は、ヘールシャムを出て、その時代の親友ルースやトミーとも会わないでもう何年もたっている。この男性の方は、ヘールシャム以外の施設で暮らし、いわゆる一般のクローン人間のように子ども時代を過ごしている。キャシーに、反対に自分の出身施設を聞かれた男性は、その場所名を言う時、キャシーが今まで見たことのないような嫌悪の表情をしてみせるのである。彼にとって思い出したくない場であるのだとキャシーにはすぐわかるような表情である。男性は、すでに衰弱が激しく、死期も迫っている。毎日続く眠れぬ夜、彼は、キャシーの育ったヘールシャムについて聞きたがる。細かいことにいたるまで何度も聞く彼に、ついにキャシーは気づくのである。

When he wanted was not just to hear about Hailsham, but to remember Hailsham, jut like it had been his own childhood. He knew he was close to completing and so that's what he was doing: getting me to describe things to him, so they'd really sink in, so that maybe during those sleepless nights, with the drugs and the pain and the exhaustion, the line would blur between what were my memories and what were his. That was when I first understand, really understood, just how lucky we'd been—Tommy, Ruth, me, all the rest of us. (pp.5-6)
(彼が望んだのは、ただヘールシャムについて聞くことだけではなく、自分の子ども時代であるかのようにヘールシャムを思い出すことだったのです。もう長くないことがわかっていたので、詳細に聞きながら、染み込ませ、薬と痛みと疲れで眠れない毎夜、私の記憶と彼の記憶の境界もおぼろになるのではないかと願ったのでしょう。その時、私は、初めて理解したように思います。私たちがどんなに幸運だったのかを。トミーやルースや私、そしてヘールシャムのみんなが。)

　しかし、この時点では、まだ彼女は、臓器提供をすでに始めてしまっている幼友達であるルースやトミーに再会してはいない。彼女は、その二人との再会後の後も、同じように語ることのできる子ども時代を持てた自分や自分たちを幸運と思うのだろうか。後で、読者がその疑問に答える時に「子ども時代」の意味が見えてくる。

　キャシーは、幼い頃からの平和なヘールシャムの日々を回想する。そして、ヘールシャムを途中でやめた教員ルーシーを思い出す。ヘールシャムの方針と違って、物事を曖昧にしておくことは、むしろ生徒である彼等をだますことだと感じている教員であったらしいルーシーが、将来の夢を語っている彼等にこのように言った日である。

'If no one else will talk to you,' she continued, 'then I will. The problem, as I see it, is that you've been told and not told. You've been told, but none of you really understand, and I dare say, some people are quite happy to leave it that way. But I'm not. If you're going to have decent lives, then you've got to know and know properly. None of you will go to America, none of you will be film stars. And none of you will be working in supermarkets as I heard some of you planning the other day. Your lives are set out for you. You'll become adults, then before you're old, before you're even middle-aged, you'll start to donate your vital organs. That's what each of you was

## 6章 ステレオタイプ——子どものヒーローに課せられた別れ・死・現実—— 87

created to do. You're not like the actors you watch on your videos, you're not even like me. You were brought into this world for a purpose, and your futures, all of them, have been decided. So you're not to talk that way any more. You'll be leaving Hailsham before long, and it's not so far off, the day you'll be preparing for your first donations. You need to remember that. It you're to have decent lives, you have to know who you are and what lies ahead of you, everyone of you. (pp.79-80)
(「ほかの誰も言わないのであれば」と彼女は続けた。「それなら、私が言いましょう。問題は、あなた方は言われているようで、言われていないという状態にあることです。言われているけれど、実は誰も本当には理解していない状態なのです。この状態を良いと思っている人もいるようですが、私は違います。もしあなた方がまともな人生を持つのであれば、知る、それも正しく知る必要があるのです。あなた方の誰もアメリカに行きません。誰も映画スターになりません。計画している人がいるのを前に聞いたけれど、スーパーマーケットで働くこともありません。あなた方の人生はもう設定されているのです。大人になったら、年を取る前に、中年になる前にさえですが、臓器を提供し始めるのですから。それをするために、あなた方は作られたのです。ビデオでみるような俳優でもなければ、私とも違います。あなた方は、その目的のために生まれ、あなた方の将来も全部決定されているのです。だから、そんな風に話すのはもう止めましょう。ヘールシャムを去れば、それもそんなに遠からずですが、最初の臓器を提供する用意をするでしょう。覚えておいてください。もしちゃんとした人生をもちたいなら、自分が誰で、何が先に待っているか、知らなければならないのです。あなた方全員がです。」)

　彼等も、少しずつ自分たちが外の人々と違うことを示唆されているし、自分たちの将来にある臓器提供についても聞いている。ただ子どもであるがゆえに本当にそれがどんなことを意味するかわからないだけである。だから、全く動揺がないわけではないにしても、ルーシー先生の言葉の内容に驚くというよりは、彼等に突然激白し始めた先生の行為そのものに驚くだけである。そして、ルーシー先生はほどなくヘールシャムからいなくなる。
　キャシーの回想は、最近の出来事に近づく。ヘールシャムで一緒に育ったルースとトミーとの再会である。臓器提供前の3年間の猶予期間が本当に愛し合っている者たちには与えられるという話が、思春期を迎えた頃の彼等の間に存在していた。再会したルースは、かつては彼女が嫉妬して、その仲を裂こうとばかりしていたトミーとキャシーこそが、その本当に愛し合っている二人の

資格があるのではと示唆し、自分が死ぬ前に、すでに閉鎖されているヘールシャムの当時の責任者で、マダムと子どもたちが呼んでいた人物に会うようにと言って、手に入れたマダムの住所を渡す。ほどなく、ルースは2度目の臓器提供をして死んでいく。子ども時代から特別の感情を持ち合いながら、ルースのこともあって結局お互いに愛を確かめることもなく別れたままだったトミーとキャシーは、愛を確かめ合い、その3年の猶予期間を求めて、二人でマダムの住所をたずねていく。しかし彼等がマダムから聞くことが出来たのは、クローン人間の育つ理想の場としてヘールシャムを作ったマダムの運動はすでに支持者を失い、クローン人間は全員いわゆるクローン人間のものとしては普通の、でもマダムから言えば劣悪な条件のホームで育てられていること、そして、二人が訪ねていった目的——すでに臓器提供を数回しているトミーと臓器提供をまだ始めることなく介護人だけをしているキャシーに与えられるかもしれない、本当に愛し合っている者にだけ与えられる3年の猶予期間——もかなえられることがないということである。なぜなら、猶予期間は単なる噂であってどんな時にも全く存在しなかったからである。なぜマダムはヘールシャムを作り、クローン人間の子どもである彼等に豊かな教育を与えたかったのか。なぜ芸術活動を奨励したのか。猶予期間の噂も残したままにしておいたのか。ルーシー先生はなぜやめさせられたのか。その問いへの答えは、極めて簡単である。

"You see, we were able to give you something which even now no one will ever take from you, and we were able to do that principally by sheltering you. Hailsham would not have been Hailsham if we hadn't. Very well, sometimes that meant we kept things from you, lied to you. Yes, in many ways we fooled you. I suppose you could even call it that. But we sheltered you during those years, and we gave you your childhoods. Lucy was well-meaning enough. But if she'd had her way, your happiness at Hailsham would have been shattered." (pp.261-262)
「おわかりでしょう。私たちは生徒に誰も彼等から奪うことができないものを与えることができたのです。あなた方を主に保護することです。ヘールシャムはもしそうしなかったらヘールシャムではあり得なかったのですから。時にはあなた方に嘘をつきました。騙したと言うこともできるでしょう。しかし、そうした月日、あなた方を保護したのです。

## 6章　ステレオタイプ——子どものヒーローに課せられた別れ・死・現実——

そして、あなた方に子ども時代を与えたのです。ルーシーによい意図があったとしても、彼女の方法では、ヘールシャムでのあなた方の幸せは消え去っていたでしょう。」

　ヘールシャムという特別施設で育ったことは果たして幸せだったのか。帰り道で、トミーは抑えきれない怒りの発作を見せる。彼の怒りの爆発が、子ども時代に騙されていたという感覚から来るのか、人間らしい子ども時代を与えられながら、極めて非人間的に終わる今の姿にあるのか、愛するキャシーとも、いずれ別れるという事実からくるのか、小説は、優れた小説がそうであるように、何も読者に説明しているわけではない。そこには個々の自由な解釈が存在するだけである。ただ、確かなことがある。二人が人間としての思いやりを最後まで示すということである。その日、猶予期間はただの幻想であると知り、ほどなく、おそらく死をもたらすであろう4度目の臓器提供が言い渡された時に、トミーは愛するキャシーに自分の介護人であることをやめて自分の元から去ってくれという。彼女だからこそ見せたくないものがあるという彼の申し出を受けて、キャシーも黙って立ち去る。ほどなくトミーの最後を知る。極めて人間的な思いを示したトミーと、同じく人間的に、それを理解したキャシーは、それゆえ非人間的な彼等の最後の運命とコントラストをなす。

　ヘールシャムの仲間をみな失っていっても、キャシーは、自分には幸せな子ども時代の記憶があると感じる。今や、語り手のキャシーにも臓器提供の始まりが、それは遠からず命の終わりを意味するのだが、近づいている。彼女は、提供者となる場に、その子ども時代のヘールシャムの記憶を大事に静かに誰にも奪われないように自分とともに持っていこうと思う。結局、悲しい出来事を含めても、彼女には、ヘールシャムの子ども時代は幸福なものだったのだ。決して忘れたくない記憶にとどめたいものだったのだ。小説の終わりは、そのキャシーの過去のある日の回想でおわる。4度目の臓器提供をしたトミーを失った、その数週間後、かつてヘールシャムがあったノーフォークまでドライブをし、見知らぬ畑で一人で外に出た時のことである。そこで、キャシーは目を閉じ、一度だけ空想する。「子ども時代から失ったものが全て打ち上げられる場所」を想像するのである。

And I half-closed my eyes and imagined this was the spot where everything I'd ever lost since my childhood had washed up, and I was now standing here in front of it, and if I waited long enough, a tiny figure would appear on the horizon across the field, and gradually get larger until I'd see it was Tommy, and he'd wave, maybe even call. The fantasy never got beyond that—I didn't let it-and though the tears rolled down my face, I wasn't sobbing or out of control. I just waited a bit, then turned back to the car, to drive off to wherever it was I was supposed to be. (p.282)
(半分目を閉じて、ここは、子ども時代から失い続けた全てのものが打ち上げられる場所、そして、自分はその前に立っていると想像しました。ずっと待っていると、地平線に小さな人の姿があらわれ、だんだん大きくなってきて、それはトミーだったのです。そして、彼は私に手を振り、呼びかけさえしました。空想は、それ以上は進みませんでした。私がそれを許さなかったのです。涙が顔を流れていましたが、大声で泣いていたわけではありませんでしたし、取り乱してもいませんでした。少し待って、車に戻り、行くべきだった場所に向かいました。)

　子ども時代から失ったものを思い出したい——ここには子ども時代の持つ大きな意味が語られている。子ども時代は、失いたくない愛しいものに満ちていたはずだからこそ、思い出したいのであり、記憶にとどめたいのだ。私たちの子ども時代の意味もそこにあるのである。ただ、私たちと違うのは、キャシーにとって「子ども時代から失ったものが全て打ち上げられる場所」に来るのは、くまのプーさんでも、ピーターパンでもなく、まず今でも別れを言う必要がなかったはずのトミーであるということである。何という理不尽な死なのであろう。しかし、それを含めてもキャシーは彼女の「子ども時代」を記憶したいのだ。子どもであった時に持てた彼女の「子ども時代」を忘れたくないのだ。なぜならトミーは彼女の「子ども時代」には生きて存在したのだから。彼女には幸せな「子ども時代」は存在したのだから。少なくとも完全には知られていない未来への希望があったのだから。彼女は、顔を嫌悪感でゆがめることなく「子ども時代」を思い出せるのだから。この小説を読むと、記憶したい「子ども時代」に、現実であれ、虚構であれ、理不尽と思える死はないほどよいのだと、あらためて思える。子どものための文学である児童文学に、物語に不必要に思える死が安易に作者によって放り込まれることに、懐疑的な大人で

いなければならない気がする理由は、まさにそこにある。

## 6. 「子ども時代」の喪失

　記憶にとどめたいものであるべき子ども時代の喪失が、今世界のいたるところでおこっている。2006年の夏のレバノンの戦火で、テレビの画面を通して多くの子ども達が負傷し泣き叫ぶ姿を見ることになった。さらには、同年8月14日、日本の終戦記念日の前日、コンピューター画面の上のヤフーのニュース見出しに丁度並んでいた二つのニュース——スリランカ国軍の空爆による児童数十人の死と、アフガニスタンでの学校に向けたテロ行為による児童数十人の死と負傷のニュース。非難を浴びたスリランカの空爆は、後で、「標的はLTTEの訓練施設で、死亡した少女らはゲリラ兵の訓練を受けていた」という内容の説明が発表され、世界の各地にいる子どもの兵士という恐るべき状況を再度思い知らされることになった。あるべき「子ども時代」の喪失が、その後の人生そのものの喪失も含め、ここまで集団規模でされているのには言葉を失うしかない。世界の各地で報告されている貧困による児童労働も、改善される気配もなく、相変わらず、定期的に悲惨な児童労働とそこでの虐待の実態を報道で読むことになる。「何もしないでいられる」子ども時代、「陽気で無邪気で無鉄砲」な子ども時代、子ども時代だけの友と「空想の森」で遊び、空を「飛ぶ」。理不尽な死はそこには存在しない。もし存在したとしても、そこに激しい痛みは引き起こされるが、納得できる理由を人生の途中で見つけて、再度振り返ることができる性質のものなのである。それゆえ、全ての悲しい出来事を含めても、「記憶にとどめ思い出したいもの」としての子ども時代。それらを保証してやることができるのは、いつの時代でも大人なのである。現在生きている子どもに、子ども時代を喪失させるのであれば、自分の幸せな子ども時代を彼等と重ねて再構築することは自分たちにもできないという事実に、私たち大人がまず気づかなければならないのである。

# 7章 偏　　見
―― 偏見と生きるヒーロー ――

## 1. 偏見

　固定化した信念としてのステレオタイプに対して、偏見はステレオタイプに基づいた集団への感情、および行動様式に至る領域である。主な偏見の特徴として、サモーバーが以下の四つを挙げている[注1]。(1)カテゴリー化された集団に向けられる、(2)ステレオタイプに基づいており、社会的類型や科学的事実に基づくより、不正確な情報に基づくことが多い、(3)社会的類型化、科学的事実、等のデーターに訂正すべき証拠を見出せそうとしないので、偏見はステレオタイプと同様に固定的で簡単に変化しない、(4)肯定的、否定的の両方がある。

　なぜ私達は、偏見を持つのであろうか。それについて、我妻は、(1)憎しみの転位、投射、(2)劣等感の補償、(3)無意識の衝動や感情によって歪められたイメージを挙げている[注2]。ステレオタイプから偏見へ移る過程は以下のようにも説明される。「彼等」と境界付けられた集団には、実際の接触以前に、傾向として、イメージによって「彼等」に対する態度や行動、考え方も顕著な方向性が与えられることが多い。集団に向けられるイメージはそれが外集団である場合、接触も少ないので、むしろ差異の強調が進み単純化して意味づけをしてしまう傾向に陥る。こうして、単純で誤りの多い集団のイメージ化が外集団に向けられる時、新しい証拠で訂正されにくいステレオタイプとなる。公平なイメージを持とうとしてさえステレオタイプに頼る人間の傾向に加えて、自分と関係する多くの感情が既に込められているゆえに、ステレオタイプにおける混乱は、多くの者にとっては、自分が慣れ親しんできた世界への攻撃とも映る。

そして、いずれの理由からにせよ、偏見が表出する時には一般的には次のような形で示される。(1)言語による敵対——特定の集団に対して抱いている否定的なステレオタイプを使用して話をしたり、話題の種にしたりする、(2)回避——嫌いな集団、またそのメンバーを、不便があっても避ける、(3)差別——特定の集団や人に対して、不公平な区別を意識的、積極的にする、そして(4)身体的攻撃である。この暴力の高まりによって、殺傷、家屋の破壊、宗教上の神聖な場所の破壊、指導者の殺害といったものがおこってくる。

こうして偏見の特徴、理由、そして表出を順番にリストして見ていくと、一つの避けられない現象として、そのまま受け止めることが出来そうな気さえしてくる。しかし、偏見は、それがどんな特徴を見せようと、どんな理由からでも、どんな表出であろうと、人間の尊厳を激しく侵す暴力である。だから、それを止めることができるのかという問いが、偏見を考えていく過程の最後には必ず来なければならないのである。

## 2. 偏見のもたらすコミュニケーション

2006年の春、ヤフーのエンターテイメントニュースで、『ブロークバック・マウンテン』という映画が世界の主たる映画賞を取り続け、いわば社会現象となっていると読み、原作である小説 *Brokeback Mountain* [注3]（『ブロークバック・マウンテン』）をすぐ買って読んでみた。1960年代のワイオミングで、イニスとジャックという二人の男性がお互いに愛情を持ちながら、それぞれに家庭をもち、一年に一回の逢瀬だけを続け、二人の関係が最後は一人の無残な事故死によって終わるという、長い月日に渡る同性愛の関係を書いた小説である。非常に短い小説なので、実際には、その中では二人のコミュニケーションも、さらには二人の家族とのコミュニケーションもわずかである。しかし、この社会では愛する者とは生活を共にしないことを選択するしかないと考えた二人の人間の悲しみと、彼等の関係に気がついていたであろう、それぞれの結婚相手の悲しみは、短編小説の中での限られたコミュニケーション量のために、

むしろ行間から溢れて圧倒してくるように感じた。

　二人が初めて関係を持った後、イニスはジャックに言う。"I'm not so queer." (p.15)(「俺はゲイじゃない」)。そして、ジャックもすぐさま答える。"Me neither. A one-shot thing. Nobody's business but ours."(「僕も違う。これだけだ。俺たちだけの問題だ。」もし、二人が60年代のワイオミングのカウボーイでなければ、自分たちの関係にもっと「愛」という定義をあてはめることができたであろう。しかし、その時の二人には、自分の持っている感情を素直にお互いに話すことも出来ないし、愛という感情も認めることはできない。当たり前のように別れ、それぞれが家庭を持ち、子どもができる。別れて4年後に再会しても、一緒に歩む人生という選択が二人に選ばれるということはない。愛しているが一緒に暮らさない、この特別な関係は、本来、一番人間にとって特別な関係であるべき家庭でのコミュニケーションに問題を起こすことになる。ジャックがイニスを訪ねた、4年後の再会の日、すでにイニスの妻アルマには彼女の目に偶然入ってしまった二人の最初の抱擁の意味することに対しておぼろげな理解があり、それゆえ続けておこる彼女の行動には苦さと不安がある。ジャックの問いに対するイニスの応答に、それを見せる。"You got a kid?" said Jack. "Two little girls," Ennis said. "Alma Jr. and Francine. Love them to pieces." Alma's mouth twitched. (p.22)(「子どもがいるのかい。」「二人、女の子。」とイニスは言った。「アルマ・ジュニアとフランシーンだ。とても可愛いんだ。」アルマの口がゆがんだ。) 久しぶりの再会だから一晩中のみ明かすといって出かけようとする夫に、はやく帰らせようとアルマはタバコを頼もうとする。イニスは夜帰ってくる気がないために、家にすでにあるタバコのことを示唆する。当然本当のことが言えないまま、二人のコミュニケーションはすれ違う。

　その再会後、イニスは、ジャックと一年に一回の釣り旅行という名目で会うようになる。ジャックとの間の真実の関係をアルマに言うことはないが、夫婦のすれ違う気持ちは埋めがたく、その後、離婚、アルマの方は再婚する。再婚後の家によばれて一緒に食事をするイニスに、彼女は、離婚前に自分が二人の関係に気づいていたことを初めて話す。一度もジャックとの釣り旅行からマス

7章　偏見──偏見と生きるヒーロー──　　95

を家に持って帰らないイニスだったが、ある年、アルマは旅行前の釣竿のボックスを開け、5年前の値札がついたままであることを発見したこと、そして、そこに "Hello Ennis, bring some fish home, love, Alma." (p.33)（「ねえ、イニス。お魚を持って帰ってね。アルマより。」）とメモをつけておいたこと、そして、相変わらず旅から何も持って帰らなかったイニスの釣竿には、同じメモがつけたままになっていたこと、である。「あなたとジャックは。」と言おうとしたアルマをイニスは止める。「特別な関係」を言葉で定義させることはできない。まして、世間の人が言う言葉で定義されたくない、そうしたイニスの怒りと、「特別な関係」であるべき妻であった時に、その関係に見合う交流を与えてもらえなかったアルマの怒り、「特別な関係」の者とはそうした生き方しかできないイニスの悲しさ、「特別な関係」ではいられない自分の立場を完全に理解してしまったアルマの悲しさ、両者の怒りと悲しさが交叉する。

　それは、ジャックの妻の側にもおそらくあったと想像できる類の怒りや悲しさである。ジャックの突然の死を知ってイニスが電話をかけた時に、ジャックの妻は連絡が取れなかった理由をイニスにこう言う。

　　"Jack used to mention you." "You're the fishing buddy or the hunting buddy, I know that. Would have let you know," "but I wasn't sure about your name and address. Jack kept most a his friends' addresses in his head." (p.45)
　　（「ジャックはあなたのことを話していました。釣り仲間、狩り仲間ですよね。お知らせしたかったけれど、名前も住所もよくわからなくて。ジャックはほとんどの彼の友達の住所を自分で覚えていたので。」）

　そして、丁寧ではあるが、冷たい声で彼との電話を終える。ジャックとやはり「特別な関係」であるべきなのに、そうなれなかったままの妻の苦い思いがここに垣間見える。この小説では、全ての関わり合う者達のコミュニケーションに、多かれ少なかれ本当の気持ちを隠し続けるしかない者の不幸がある。偏見がもたらすのは、社会から傷つかないように自己の気持ちを偽ってみせるという点で、結局は自分の心を自分で傷つけながら生きる人々と、その彼等に心を偽られることで傷つく周りの人々と、そうした彼等の極めて不幸なコミュニ

ケーションだけなのである。しかし、その責任を誰に帰すことができるのだろうか。傷ついている当事者でないことだけは確かなのである。

### 3. 激しい暴力性と根強さ

　イニスとジャックが愛しあっているにも関わらず、そのことを貫く選択肢があると思わずに、家庭を持ち、別々の場所で生きたことや、そのために彼等がそれぞれの妻に苦い思い与えたことを、私たちが責めることが出来ないのは、彼等こそが、誰よりも一番の苦さを不当に味わった人間だからだと思えるからなのである。1960年代のワイオミングという文化に存在した偏見こそが、彼等には他に選択肢がないように思わせたのだから。イニスは、一度だけ一緒に生きるという選択を示唆したジャックに、子ども時代の一つの陰惨なエピソードを話す。近くに二人で一緒に暮らしていた男達がいて、その一人が惨いリンチの末、殺され、溝に放置される。まだ幼いイニスは、その死体を父親に見せに連れて行かれる、という、そんな思い出である。勿論、息子への教訓は「男らしさ」の意味を教えるということである。当然、イニスは、自分の父親がそれに関わったことを察している。ジャックとは一緒に暮らすことが選べないとイニスに言わせるのは、まさに偏見を残酷な身体的な暴力のレベルにまでエスカレートさせて示す、集団としての人々であり、その中には肉親さえも組み込まれている。ジャックの提案に対するイニスの拒絶の言葉は、その集団、つまり社会そのものが彼に言わせているとも言えるのである。

"Whoa, whoa, whoa. It ain't goin a be that way. We can't. I'm stuck with what I got, caught in my own loop. Can't get out of it. Jack, I don't want a be like them guys you see around sometimes. And I don't want a be dead. There was these two old guys ranched together down home, Earl and Rich—Dad would pass a remark when he seen them. They was a joke even though they was pretty tough old birds. I was what, nine years old and they found Earl dead in a irrigation ditch. They'd took a tire iron to him, spurred him up, drug him around by his dick until it pulled off, just bloody pulp. What the iron done looked like pieces a burned tomatoes all over him, nose tore down from skiddin on gravel." (pp.14-15)

(「おいおい、おい。そんなにはいかないよ。俺たちには無理だ。少なくとも俺は今の生活で一杯だな。抜け出せるなんて出来ない。ジャック、俺は時々いるような類の奴らになりたくないんだ。そして死にたくもないんだ。昔、家の近くに年配の男が二人牧場をやっていた。アールとリッチって言って、父さんは見るたびに何か言っていたもんだ。彼等だってかなり逞しい奴らだったけど、それでもからかいの種にされていた。俺が9歳のときだったか、アールが用水路で死んでいるのが見つかった。タイヤアイアンで殴られ、あそこに縄をつけられて引っ張られて、血まみれの塊になっていた。アイアンで殴られたから、体中に焼いたトマトがついたみたいだったよ。鼻は砂利道にすれて落ちていたな。」)

　古代から現在にいたるまでマイノリティグループには、同性愛の人々が必ず入る。マイノリティにおかれた彼らの選択は、愛する者と一生共に歩むという選択さえ、公には認められていない点で、文化の迫害を受けている。最近は、そうした同性愛の人々の結婚が公に認められる国や地域がでてきた。それでも、有名な歌手のエルトン・ジョンが2005年末に長年の恋人である男性と結婚する直前のことであるが、彼が一番心配しているのは、ゲイの人々の結婚に反対する人々による結婚式の妨害であると報道されていた。個人の祝福に値する行為を、暴力的な行為によって妨害できると考えている人々がいる事実と、そうした人々の暴力行為を心配することなく結婚式をあげられない、偏見を受ける側の気持ちを思い、個人の愛情という、一番私的な領域でさえ、その個人の自由にはならない社会なのだと考えて憂鬱になった。私がそのことをすっかり忘れていた頃、学生がゼミで何かの話の途中「エルトン・ジョンが無事に何もなく結婚式を挙げられてよかったと思ったんですよ。」というコメントをしたのである。多くの出来事で偏見を平気で示す社会全体の風潮に寒々とした気持ちになることもある中、少なくとも偏見を受ける側の思いを理解してニュースを受け止めている学生に嬉しい気持ちを持ったことを覚えている。結局、私の周りだけでいえば、気づけるほどの強い偏見は示さない学生達ばかりと言っていいのである。

　しかし、残念ながら、そうした個人個人が示す偏見の無さと、社会全体の示す偏見の状態が一致しているわけではない。そこに大抵は集団の態度となって

示される偏見の怖さがある。アカデミー賞の発表が近づくにつれて、それまでの賞を総なめにしたという点では最有力候補である『ブロークバック・マウンテン』が作品賞を受賞できるかどうかの話題が多くなり、同時に「同性愛を描いた映画」ということで、今までアカデミー賞では受け入れていなかった類なので、受賞の可能性はあるのだろうかということが必ず一緒に話題としてあがってくるようになった。結局、アカデミー作品賞は、人種問題を扱った『クラッシュ』という映画が受賞した。真相は誰にもわからないながら、『ブロークバック・マウンテン』は同性愛についての映画だから受賞はどうなるのだろうかと話題になるような時代が、いつ終わるのだろうかと思わずにはいられなかった。さらに、『ブロークバック・マウンテン』は、作品賞は逃したが、映画の監督であった中国人のアン・リー監督に監督賞が与えられた。その直後、初めてのアジア人のアカデミー監督賞受賞者として中国でも祝福を示しているという報道があった一方、映画そのものは、扱うトピックが同性愛であるために上映はされないという報道もされたのである。中国では、2001年頃まで同性愛は精神疾患と考えられていたこともあり、とてもセンシティブすぎて上映は許されないという説明がついていた。アカデミー作品賞を受賞した『クラッシュ』が扱った人種問題にも、作品賞を逃した『ブロークバック・マウンテン』の男性間の恋愛にも、偏見という私たち人間の最大にして一度も乗り越えられなかった感情が関わっている。しかし、感動させる映画がいくつ作られても、映画の中で扱われる偏見自体を現実世界で克服するのが困難であること、言い換えれば、偏見は根強いということを、映画にまつわる一連の報道が見せつけてしまったのである。

## 4. 異人への恐怖と愛国心

　私達が異人と見なしたものに向ける偏見が、私達の集団の秩序にとって役立つとされたり、私達の同朋との強い連帯感に必要だと、意図的に誘導されているともいえるのである。山口は、K. バーグ[注5]の、敵として存在する側には

「否定的」レッテルが貼られ、その存在が媒介となって「秩序」が確立されるという論理の重要性を、以下のように説明している[注6]。神話の展開では、敵は「途方もない外貌、持物」(巨人、非人間的な何か、例えば、さそり、魚、いのしし、禿鷹、半人半獣、外形を変化させる、風、洪水、疫病、等)を持ち、「邪悪で強欲」(幼児をかどわかす、悪食、好色漢、人々を貴重な水から隔てる)である。バークの言うところでは、秩序とは、そうして作り出された負の象徴から半比例した距離で測定されうる。文化の中の人間は、自らが、そういった負の根源的象徴から隔てられていることを、人に示し、自らを納得するために、身辺に負の象徴を背負った人または事物の存在を必要とする。

　神話の与える鮮明なイメージは、ある意味では現実以上に現実的でもある。小説でも現実には絶対に存在しないような世界での登場人物のコミュニケーションに、「今、自分が生きている世界以上に、現実的である」と感じてしまう瞬間がしばしばある。小説の場合は、当然、それを書いた作者が意図したことではあるのだろうが、現実離れした設定の物語だからこそ、現実では言葉できちんと整理することなく済ませてきた、入り組んでみえた事実を、作者は明瞭にイメージ化したり言語化できるのだとも言える。ル＝グウィンの *The Left Hand of Darkness*[注7]（『闇の左手』）には、まさにそんな現実にない世界での現実の反映のようなコミュニケーションがある。雪と氷の冬の惑星であるゲセンは、かつて植民地化の後、放棄されたという過去をもつ。その時の人類の子孫は、今や両性具有の社会——母となり父となる両方の可能性を持つ社会——を形成している。人類の同盟エクーメンの使者ゲンリー・アイが最初に訪れたカルハイド王国で会ったエストラーベンとの関わりを中心にこの物語は進む。人々の猜疑心や文化の境界に阻まれてカルハイド王国では、使者としての仕事が果たせない。ゲセンのもう一つの王国であるオルゴレインでも同じである。その中で、カルハイド王国を追放されるエストラーベンと極寒の大雪原を旅することになる。粗筋を書くだけで、そこでは、ファンタジー文学として、私たちの生きている世界とは完全に異なる設定の世界がそこに提示されていることは明らかなのである。しかし、同時に、現実世界との間に否定し難い共通点があり、それこそが、この星ゲセンと、今私たちが住む地球世界を同一視し

てしまう瞬間を度々生む。その一番の共通点なるものは、「愛国心」の名のもとに社会は動き、人が関わりあう、そして、その全ての行動の根底にあるのが「恐怖」であるという事実であろう。「愛国心」と「恐怖」の相互関係が、何度も何度も異なる登場人物の口から語られる。

"I don't think I do. If by patriotism you don't mean the love of one's homeland, for that I do know."
"No, I don't mean love, when I say patriotism. I mean fear. The fear of the other. And its expressions are political, not poetical: hate, rivalry, aggression. It grows in us, that fear. It grows in us year by year. (p.19)
(「わかりません。もし愛国心が自分の故国への愛を意味しないとするなら、私はそう理解してきたのですが。」
「いいえ、私が愛国心という時は、愛ではないのです。恐怖なのです。他者への恐怖です。その表現は政治的なものであり、詩的なものではありません。憎悪、競争、闘争。私たちの中で育つのは恐怖です。年毎に大きくなっていきます。」

"I was sent alone, and remain here alone, in order to make it impossible for you to fear me. "Fear you?" said the king, turning his shadow-scarred face, grinning, speaking loud and high. "But I do fear you, Envoy. I fear those who sent you. I fear liars, and I fear tricksters, and worst I fear the bitter truth. And so I rule my country well. Because only fear rules men.. Nothing else works. Nothing else lasts long enough.... But I am already afraid, and I am the king. Fear is king! (pp.39-40)
(「私は、あなたが恐れることがないように、一人でここに送られ、一人で留まっています。」「おまえを恐れるだって」と王は言った。影を落としている顔を向け、にやりと笑い、大きな甲高い声で言った。「そう確かにおまえを恐れている。使者殿。おまえを送った者たちを恐れ、嘘を恐れ、陰謀家を恐れ、何よりも、苦い真実を怖れている。だから私は自分の国をうまく治めているのだ。恐怖だけが、人間を支配できる。他のものでは駄目なのだ。他のものでは長くは続かない。(中略) しかし、私はすでに恐れているのだよ。私は王だからね。恐怖こそが王なのだ。」

先ほど挙げた山口は、「排除の原則」を説明したT.シュシュ[注8]の中世の魔女狩りの説明を以下のように紹介している。中世の魔女の火あぶりの目的は、カソリックの高い基準を価値あるものとして社会に信じさせていくために、法

に従わない者も「スケープゴート」として作り罰する必要があったことにある。山口は、こうした秩序の維持に必要な「敵」という論理が根本にあって、ここに「排除の原則」が成り立ち、バーグの言ったような内部の平和の維持があるのだという(注9)。彼自身の図式によると、「彼等」は、理解不可能であり、理解しあう「我々」の円周外にあるが、実のところは「我々」の意識下の投影であるという。しかし、「我々」のアイデンティティの確認には、「彼等」は必要なのである。もし「彼等」が存在しない時は、その「彼等」の創出でさえも必要となってくる。そして、本当は「我々」も相互間で理解しあっていないのだが、そうした相互間の不理解という異和的なずれは「彼等」という第三項の出現によって「仲間意識」の内に解消されてしまい、問題にされなくなる。そして、日常生活の現実には存在するが、中心になりえないゆえに境界に位置づけられている「異人」がおり、それは内部の「異和的」部分の投射であるゆえに、排除のメカニズムを受け、周辺に追いやられているのである(注10)。このように考えていくと、人間社会の異人志向がある限り、それは家庭内にさえも存在するといわれるのだが、秩序維持のために「敵」の存在が必要とされることになる。この「排除の法則」によれば、異人の存在を意図的に何度も意識させることは、為政者には国の秩序を保たせる便利な道具となりうる。私たちの生きている地球世界でも、為政者が繰り返し言い聞かすことは怖い異人の存在であり、守らなければならない国であり、そしてそのために必要な強い愛国心なのである。

　ゲセンでは完全なる「異邦人」であるゲンリーは、旅を共にするうちにエストラーベンの人間性を理解する過程で、この「愛国心」についての彼のコメントを聞くことになる。

"No, that's true...You hate Orgoreyn, don't you?"
"Very few Orgota know how to cook. Hate Orgoreyn? No, how should I? How does one hate a country, or love on? Tibe talks about it; I lack the trick of it. I know people, I know towns, farms, hills and rivers and rocks, I know how the sun at sunset in autumn falls on the side of a certain plowland in the hills; but what is the sense of giving a boundary to all that, of giving it a name and ceasing to love where the name

ceases to apply? What is love of one's country; is it hate of one's uncountry? Then it's not a good thing. Is it simply self-love? That's a good thing, but one mustn't make a virtue of it, or a profession....Insofar as I love life I love the hills of the Domain of Estre, but that sort of love does not have a boundary-line of hate. And beyond that, I am ignorant, I hope." (pp.211-212)
(「ええ、そうですね。あなたはオレゴレインを憎んでいるでしょう。」
「料理の仕方を知っているオレゴレイン人はほとんどいないですね。でもオレゴレインを憎んでいるかですって聞かれるなら、答えはこうです。そんな必要がありますか。国家を憎んだり愛したりできますか。チベが言っていました。私にはそれが出来ないと。人々を知っている、町や農場、丘、川、そして岩を知っている。秋、丘の畑にどのように太陽が沈むかを知っています。これらに境界をつけ、名前をつけ、名前がつけられないところは愛するのをやめるとはどういうことでしょうか。自分の国への愛は、自分の国でないものを憎むということでしょうか。それは、いいことではないのです。単なる自己愛でしょうか。それ自体はいいことでしょう。しかし、それからは美徳は生まれませんし、信仰も生まれません。私は、人生を愛する限り、エストレ領の丘を愛しますが、その愛は憎悪の境界線はもっていないのです。それを超えては、私は知らない領域であるだけです。そうありたいのです。」

このエストラーベンの「愛国心」に対する考えこそ、二人の出会いの時から一貫して、異邦人であったゲンリーに対してエストラーベンが他の者よりも開かれていた理由なのである。

## 5. 他者の受容

エストラーベンが尊敬に足る人物であることを感じながらも、単性者のゲンリー自身が感じる両性具有のエストラーベンとの境界線が全く消えてしまうわけではない。しかし、ある時ついに、ゲンリーにとっては自分と異なることを一番意識する特性であったゲセンの人々の特徴である両性具有という点について、本当の意味でゲンリーが理解し、エストラーベンを受容する瞬間が訪れる。そして、その一番異なること感じていたこと、それはエストラーベンの否定できない変えられない本質でもあるわけだから、それを真に受容することこ

7章　偏見——偏見と生きるヒーロー——　　103

そが、エストラーベンという人物を受容することなのだとわかる瞬間でもある。

> And I saw then again, and for good, what I had always been afraid to see, and had pretended not to see in him: that he was a woman as well as a man. Any need to explain the sources of that fear vanished with the fear; what I was left with was, at last, acceptance of him as he was. Until then I have rejected him, refused him his own reality. He had been quite right to say that he, the only person on Gethen who trusted me, was the only Gethenian I distrusted. For he was the only one who had entirely accepted me as a human being: who had liked me personally and given me entire personal loyalty: and who therefore had demanded of me an equal degree of recognition, of acceptance. I had not been willing to give it. I had been afraid to give it. I had not wanted to give my trust, my friendship to a man who was a woman, a woman who was a man. (p.248)
> （再び私は見た。いつも見ることを怖れてきたもの、そして見ないふりをしてきたもの——すなわち彼が男でもあり女でもあるという事実——をである。その恐怖の源は、ついに、彼をあるがままに受け入れることで、残っていた恐怖とともに消えてしまった。その時まで、私は彼を拒絶していた。彼の真実を認めないでいた。かつて彼が、自分がこのゲセンで私を信じている唯一の人間であり、同時に、私が信じていない唯一のゲセン人、であると言ったのは正しかったのだ。彼だけが私を人間として受け入れていた唯一の人間、私を個人的に好き、そして個人的な忠誠心を与え、それゆえ私に同じように受け入れ認めることを要求した人間なのだから。私は、与えることをためらい、怖れていた。自分の信頼、友情を、女でもある男、男でもある女に与えたくなかったのだ。）

異なるほど、違いがあるほど、他者を理解し受容することは困難なことなのだ。しかし、違うからこそ、そこに友情も生まれ得るということをゲンリーは感じるのである。

> But it was from the difference between us, not from the affinities and likenesses, but from the difference, that that love came: and it was itself the bridge, the only bridge, across what divided us. (p.249)
> （友情は、私たちの類似性からくるものではなく、相違からきたのだ。その相違から愛情がきたのだ。それこそが、私たちを隔てていたものを結ぶ唯一の橋だったのだ。）

物語では、ゲンリーが違いを受容することができるようになった直後、エストラーベンの死によって、二人の間の友情関係は終わることになる。もしそうでなければ、二人はどんなコミュニケーションを続けることができたのだろうか。エストラーベンの死に、希望を見出せるようなコミュニケーションの実現を目前にして失ったような喪失感を誰でも覚えるであろう。しかし、その希望は失われたのではなかった。小説のまさに最後、エストラーベンの故郷の館を訪れたゲンリーに、エストラーベンの息子が、ゲンリーに「語る」ことを頼むコミュニケーションに、その希望は再度提示されるのである。

But the boy, Therem's son, said stammering, "Will you tell us how he died?—Will you tell us about the other worlds out among the stars—the other kinds of men, the other lives?" (p.301)
(しかし、その少年、セレムの息子は、口ごもりながら言った。「どのように彼が亡くなったのか教えてくださいませんか。そして、かなたの星々の間の他の世界について話してくださいませんか。他の異なる人々、異なる生活についてです。」)

他者の存在を知る、認める、もっと知りたいと思う、その過程が、私たちの関係の根本にあると何度も繰り返して提示された「恐怖」に打ち勝つ唯一の方法である。だから、エストラーベンの悲劇的な死で、恐怖を超えた後の二人の建設的な関係を見ることができないと一度は落胆した読者には、救いともいえるコミュニケーションなのである。異邦人を知ることを自ら求めた、このエストラーベンの息子も、きっといつかゲンリーという異邦人を理解する日がくるだろう。そしてゲンリーにも彼を知りうる機会が与えられたのである。こうした他者を知ることを求めるコミュニケーションが連鎖していくことだけが、全く異なるように思える他者を繋ぐ手段となりうるのだから。

柄谷は『探求』の中で、以下のように「他者」とのコミュニケーションを論じている[注11]。他者とは「自分とは言語ゲームを共有しない者」と定義し、そのため、必然的に「対関係」で「非対称的」であり、「私」とは「教える――学ぶ」のコミュニケーションとなると指摘する。ここでの「言語ゲーム」は、単なる同じ言語ではなく、ヴィトゲンシュタインの示した「意味している」こと

の成立に重点をおき、内的な同一的な意味（規則）には懐疑を持つ言語の交通である。ヴィトゲンシュタインがあげた「他者」の例――「われわれの言語を理解しない者、たとえば外国人」をあげ、柄谷は、それは子どもであれ、動物であれ、「話す＝聴く主体」ではないゆえに、「意味していることの」内的な確実性を失わせる者を他者として挙げる。一つの共同体には、共通の「言語ゲーム」があり、こうして「他者」は様々な共同体の境界が画定されることで現れてくるのである。さらに、こうした「他者」とのコミュニケーションは、クリプキが言ったような「暗闇の中での跳躍」があるのだと柄谷は指摘する。そこにコミュニケーションの危うさを表出させる一方、真の「対話」が成立していくのである。言い換えれば、「他者」とのコミュニケーションは、相手が共同体の言語ゲームを理解しないゆえに「ワースト・コンタクト」もありうるだろうが、反対から言えば、本当の意味での対関係での対話を可能にする「他者」である「彼等」が相手なのである[注12]。

　現実の世界で、私達が彼等という他者について知ることは危険である、彼等について知らせることが自分の優位を打ち崩す、そういう恐怖を基に「愛国心」という言葉を掲げて偏見をあからさまに見せて行動しているようにみえる者が少なからず存在しているように感じる。私達がそうなるように誘導されているのでは、と感じさせられるコメントを公に聞くことがある。どんな名を冠しようと、偏見が生み出すのは、真のコミュニケーションではなく、不幸なコミュニケーションなのであるにも関わらずである。「愛国心」が異人への「恐怖」を基に声高に叫ばれる時こそ、きっと私達は知らされないまま勘違いをし、異人であると見なされている他者を避け、そして避けたために真の意味での対話をする可能性に閉ざされて生き続けているのではないか、そうさせられているのではないか、と自らが疑う努力が何よりも求められているのであろう。少なくとも同胞のために「愛国心」から涙を流すより、「異人」の恐怖を思い涙する自分である方が、偏見のない社会への思いが強いことは確かであることを、忘れないでいたいと思うのである。

# 8章 「ヒーロー」
―― 強い正義の「ヒーロー」と「ヒーロー」を支える者たち ――

## 1. 「ヒーロー」

　かつて『異文化コミュニケーション教育におけるヒーロー』という本を書いた時、ヒーローの定義をまとめたことがある。様々なヒーローの定義を、神話のヒーロー、社会的タイプとしてのヒーロー、文化・共同体のモデルとしてのヒーロー、ヒーローと他者を差別化する力、などのように視点を変えて考察していった中で、結局「正義」という言葉自体を使うことはなかった。しかし、実際には、このヒーローという言葉ほど、「正義」という言葉が連想される言葉はない。毎年担当するクラスで「ヒーロー」から連想される言葉を学生達に聞いているのだが、毎年一番多いのが、必ず「正義」、次に「強い」となる。ヒーローがイコール正義であり、かつ強い、ことは、文化の暗黙の了解ともいえる。圧倒的にヒーローと結びつくとされる二つの言葉の選択には誰も異議を唱えないだろう。それでは「『正義』の『ヒーロー』は『強い』」とは、何を私たちに示唆しているのだろうか。この章では、その問いに答えてみたい[注1]。

　「正義」という言葉について、まず、「正義ではない」と感じる行動から考えを進めてみたい。日常生活で時々、「この行為は、正しくない」と思うことに出会うことは誰にでも経験があることであろう。例えば、「相手の立場が自分よりは弱いから、こんな言い方をしているのだ」と側で聞いていて感じる時である。でも、「正しくないな」と思うだけのことが多いのである。もちろん、まれに、「なぜ自分は正しくないと思うのか」を当事者に説明することもある。自分がその正しくないと思う行動に影響を受ける時である。そういう説明の時はほとんどいつも「自分勝手なことを言う」と相手に取られるように感じる。

こちらは、「なぜ正しくないと自分は思うのか」を説明したのであって、自分の信じる正義を説明するという、きわめて民主的なルールに従った行動をしたと思うだけに、相手のそうしたリアクションには大いに傷つき、正義と思うことをきちんと言うことが、なぜエゴイスティックな感情と一緒にされてしまうのだろうか、と内心憤慨もする。でも、冷静に考えてみれば、弱い立場の人には上の立場の人には言わないようなことを言う人に、その行為が正しいと思っていないにもかかわらず注意しない理由は、つまり、そこで正義を押し通すことに執着しない理由は、自分自身には関わらない、もしくはそう見なしている、からである。自分が関わっていたら、言うだろうか。おそらく相手を見てこれは決めるのだろう。危険を感じる相手ならやめておこう、どうせ相手は変わらないのだから、としそうである。それでも、その人の言葉が自分の生活にネガティブな影響をはっきり与えると思えば言うであろう。こうした判断が、あくまで自分に関わる利害という観点でなされている、となると、上記のように、「正しくない」と相手に言う時でさえ、「言うことで自分の正義を押し通す意味が私にあると私自身が考えているからそうした」という点で、この正義は十分エゴイスティックということもいえるのだろう。

　正義とはエゴイズムなのだろうか。『ヘーゲルの法哲学』で加藤尚武が、動機と結果という観点を導入した時の、正義とエゴイズムには四つの場合があると、以下のようにまとめている[注2]。第一は、動機がエゴイズムで結果もエゴイズムである場合で、単純な犯罪である。第二は、動機はエゴイズムでも、結果は正義である場合である。「正直は最善の策」という考えから嘘をつかない人の例があてはまる。第三は、動機は正義なのに、結果はエゴイズムになる、もしくは悪になる場合で、世界を救うために殺人をする、という場合があてはまる。第四は、動機が正義で、結果も正義となる場合で、ヘーゲルのいう「個人の内面での自己規定という仕方では達成できない課題」ということになる。従って、「個人の努力目標としては、ギリギリいっぱい動機が正義で、結果も正義であって欲しいという所までである」となる[注3]。自分の動機がエゴイズムかどうか自分で判断できる位なら苦労しない――とまず思うような私自身の正義の限界を考えると、せめて出来るだけの動機の正義と、結果の正義を望む

ことを善とする人間として、私も存在したいものであると思ってしまう。ヘーゲルは、さらに「エゴイズムから正義が生まれる。正義の内容はエゴイズムを克服している」と言う(注4)、その内容を、加藤は、以下のように説明していく。

> ＜自分だけ＞の幸福を集めた総和が＜みんな＞の幸福であるならば、つまり社会唯名論が正しいならば、正義とは最大多数の最大幸福である。しかし、正義とエゴイズムとの間には、飛躍がある。飛躍があるからメロスがいる。すなわち正義を動機とする行為者は利害を忘れている。そして正義はすべての人にメロスのようにひたむきであることを求めている。(注5)

その『走れメロス』は、息子が中学２年の時の国語の教科書に入っていた。人を信じることができず、人を殺めるという王の暴虐ぶりに怒ったメロスは王を諌めるため王宮に向かい、そのまま捕まり死刑を言い渡されるが、信じてくれる友を身代わりに頼み、妹の婚礼のため村へ戻る。友との約束を果たすべく王宮に向かうその帰り道、思いがけぬ出来事が続き、約束の時である日暮れまでに戻れそうもなくなる。戻らなければ友が身代わりに処刑される。メロスはただただ走り続け、ついに陽の沈む最後の瞬間に、処刑場に駆け込んでくる。一度だけ自分が帰らないままでいようと思ったことを打ち明けてメロスは友に謝り、友は、自分も一度だけメロスは帰らないのではないかと疑ったと言って謝る。その様子を見ていた王は、自分もまた人を信じることが出来るようになろうと言って悔い改めることを誓う。「メロスが処刑場に帰れないでいた時の気持ちを想像して書いてくる」という宿題が出たといって、メロスの「帰りたくないな」という思いの方をギャク満載で書いたものを息子は得意そうに私に読んでみせた。「うーん。これはまずいよ。こういう内容は駄目だと思うよ。」「なぜ？先生には『好きに思うように書きなさい』って言われたんだけど。」「だって、そういう話ではないから。」「でも、メロスはそう思ったかもしれないだろ。」「だから、この話だけはそう解釈してみせてはいけないんだってば。メロスがそう思うことはあり得ないから。」「なんで？」「ともかく駄目、駄目、茶化しているのは。書き直した方がいいよ。」思いがけない反応を示し始めた母親に、聞かせてしまったことを後悔し始めている息子。私も内心では「なぜ駄

目なのだろう」と思った。こういう話、つまり正義を考えさせている話では裏を読んで駄目なのだということ——これも当たり前のようで説明しにくい。つまり、「こういう正義の人に感動する時に、いや、こんなことも実は思っていたかもと、ひねくれた考えや茶化しをしてはなぜか駄目なのだ」ということなのだろうな、と思ったりもした。でもそのなぜかはその時はうまく言えなかった。結局、「正義とエゴイズムとの間には飛躍」があり、そして、「正義を動機とする行為者は利害を忘れている」わけで、そのメロスはエゴイズムからの飛躍の出来た人間であり、そうできない私たちが、そのくせ必要としている、その正義から求められていることを、まさに実現した人物なのである。「正義はすべての人にメロスのようにひたむきであることを求めている」。だから、飛躍が出来ないままで、それでも正義を信じて生きたい人間として、このメロスの思いを茶化すのにはためらいがあるべきなのだ。飛躍が出来ない人間として、そうすることへの恥ずかしさがあるべきだ。私が息子にうまく言えなかったのは、まさにこれなのだろうと思う。

## 2. 正と負のエゴイズム

　前節で、自分が正しいと思わないことに遭遇した時の例を書こうとした時、すぐ迷いなく出たのが、例えば「この人の立場が自分より弱いから、あの人はこんな言い方をしているのだと側で聞いていて感じる時」である。これが一番に浮かぶ私にとっては、この行為こそが、まさに正義に欠ける気がする行為なのであろう。他人との関係に応じて、時には豹変するような言動というのは、結局、多くの人が嫌っていることなのでもある。とはいっても「それをすることがある」ということが自分を含めて自分の思う正義を実行できない人間の弱さの証明なのかもしれないと言いわけがましく考えていたら、井上達夫の『共生の作法』で「正のエゴイズム」と「負のエゴイズム」を説明している中でこんな説明に出会った。彼によれば、「正のエゴイスト」とは、「他者であるがゆえに」自分に課した犠牲的行為を課さないというような性質のため、同じエゴ

イストでも、道徳的英雄として称賛されることがある一方、「負のエゴイスト」は、例えば、自分には、ある特権を認めたのに、「他者であるがゆえに」認めないというような性質であるため、非難を浴びる可能性がある[注6]。そして「普通の人間は何らかの正義感覚をもつ。しかし同時に、普通の人間にとって自己は『かけがえのない』存在である」。それゆえ、「この『かけがえのなさ』を自己に感じている限りで、人はエゴイズムへの何らかの程度の傾きをもつ」のである[注7]。大概の人は、「正義感覚をもつ一方で、正のエゴイストと負のエゴイストを自らの内に住まわせて」おり、個々の人間は、その三者の中で揺れ動き、時には、公正なる道徳的英雄の高みまでいき、時には負のエゴイズムに従いさえする[注8]。しかし、希望ともいうべきことには、負のエゴイズムに従った時でさえ、同情の余地がある。

> 負のエゴイズムは彼らにとって隠さるべき「本音」であって、「建前」として打ち出し得るほどの正当性をもたない。世間で言う「利己主義者」とは負のエゴイズムの正当性を正面切って主張する者のことではなく、本音を隠すのが下手な者の謂である。[注9]

となると、負のエゴイストでさえ、自分と同じ弱みを持つ人間として共感さえしそうになる。しかし、もう一度、一番正義に欠けると私が思う行為——相手に応じて自分の言動を露骨に変える行為——に戻るならば、その点における負のエゴイストはまさに許しがたい類だと私は感じる。「本音を隠すのが下手な者」と簡単に総括できず、「強い相手には本音を隠し、弱い相手には本音を剥き出しにする」というようなエゴイスト、つまり極めつけの許せない負のエゴイストと感じるわけである。先ほどの『共生の作法』の中で、井上は、「正義の普遍主義的要請そのものを否定する者」を「絶対的不正者」とし、エゴイストをこの「絶対的不正者」としているのは、まさに「自己と他者との個体的相違に基づく差別の実践、あるいはそのような実践の是認」であると言っている[注10]。どうも、私が絶対正しくないと思っている行為は、まさにその「絶対的不正者」そのものの行為と合致するようである。本音を隠すのが下手だったというだけではすまない負の要素を、「絶対的不正者」には感じるから、許し

8章 「ヒーロー」──強い正義の「ヒーロー」と「ヒーロー」を支える者たち── 111

がたくなるのだろう。こうして見ると極めて平均的な人間としての正義感覚を自分が持っているのではないかと安心でもある。

さらに井上によると「自己と他者との個体的相違に基づく差別」は、利己主義者も利他主義者も同じようにする(注11)。どちらも「『自己（ego）』という個体への指示なくしては定義できない対象（自分以外の人、私のお気に入り、私の子、我が祖国、我が民族等々）を、被指示項が自分であるが故に、他者にとって同様な仕方で定義される対象よりも有利に扱うから」(注12)である。そして「自己と他者との個体的相違に基づく差別」という特質をエゴイズムと共有するものとして、井上は、「慈悲」、「愛」、「自由」を挙げている(注13)。彼が付記した例は、以下のようである。同じ条件にある他の死刑囚はそれまで特赦していなかったのに、ある死刑囚だけ特赦してしまった王の、その「慈悲」、一人分しかない薬を自分の病気の子供のために奪い合う二人の母親、それぞれの「愛」、正義の何らかのルールにではなく、自己の決定に基づくことを主張する、その「自由」。「慈悲」ということでは特赦を与えることが要求され、「愛」ということでは、薬を何としてでも得る努力が要求され、「自由」ということでは、まず自己の決定選択に従うことが要求される。その時、これらの価値は、正義理念自体と対立する。考えてみれば、例えば、何らかのグループの成員なのに、そのグループの他の成員に特別な考慮をしない時など、「あなたは情がない」と言って責められることが世の中にはままある。それは、多分に正義の理念を押し通したためかもしれないにもかかわらずである。ある教員が、今までは他の学生には許さなかったのに、特定の学生の課題の遅れだけを大目に見たとする。それがその学生の特別の事情を知っての「慈悲」でも、正義にはもとることになる。しかし、何と「情けがない」ことであろう。自分の子にだけ特別の考慮をすることを拒否する母親は、むしろ親として問題だと言われないのだろうか。他の親は、エゴイズムから自分の子を助けようとする中で、その母親の子だけはその特権がないわけで、むしろ孤独ではないだろうか。こうして考えると、自分でそこそこ持っていると思った正義の感覚の規準がわからなくなりそうだ。慈悲、愛、自由、と、自分の中に住まわせているという正のエゴイストと負のエゴイストのバランスを、自分は、正しくとっているのだ

ろうか、と思ってしまうのである。そこに揺らぎがあり、揺らぐ結果として、結局は「正義」をいつも遂行するわけではない人間としての自分が見えてくるのである。

## 3. 揺らがない正義

　2003年の夏、『踊る大捜査線2－レインボーブリッジを封鎖せよ』が実写版の映画としては、歴代一位の興行収入となる大ヒットをして、未だに記録は破られていない。この中に出てくるヒーローもまさに正義のヒーローであった。このシリーズ自体に興味を持って『踊る大捜査線』のテレビシリーズを、そして次はスペシャル版を順番に見ていった。このテレビ番組や映画の人気の理由自体は、その中にあるコミカルな要素やテンポの速いストーリー展開など、様々な要素をあげることはできるのであろうが、全編を通して、主人公である青島の正義の貫き方が絶えずメイン・テーマにあることは否定できない事実であろう。世俗的にかなりずるい署長と取巻き二人が、正義の青島だから、「お金の出し入れに関する課に移動させるのは自分達が困る」と話すシーンがある。この正義の青島は、不正ではあるが、ある程度であれば自分に許してしまうような、そんなルール違反を許さない、つまりこうした公のズルは認めないのである。こんなこともあった。ある女性警察官が、身内とも言える警察官の妻の交通違反の罰金をきちんと徴収したということを聞いて、「青島の影響受けちゃったね。あの子も」というような会話が交わされる。これらが示すこと――すなわち、青島は、署長達から見れば、邪魔な正義のヒーローなのだ。ルール違反で自分が良い思いをするようなズルを許さない。しかし、青島の正義のあり方は、署長達と違うだけではない。多くの普通の人々が持っている普通の正義とも、往々にして違うのである。警視庁からのいわゆる「お偉いさん」に本気で食ってかかる、「事件に大きい、小さいはない」からと、大きい事件の張り込み中に、張り込みに影響を与える小さい事件も見逃すことなく突っ走る、被害者の傷心の家族を放って置けず勇気づけに行く、VIPに花束を渡し

8章 「ヒーロー」――強い正義の「ヒーロー」と「ヒーロー」を支える者たち――　113

たがっている幼い子をそっと警備の輪を抜けさせて行かせてやる――こうした暗黙の了解事項を無視したり、ルール違反行動を時にはしたりして、まさに組織自体にとっての「問題児」なのである。

　この「青島の正義」が別の人物に投影されて語られる。『踊る大捜査線―番外編』で、一人の新任女性警官が、「青島さんみたいなところがある」と言われる人物として描かれている。「ルールを守る」ことに固執するベテラン警官の女性に、「ルールを守るだけでないこともある」と主張する。「もし、ルールを守るだけなら、警察官はやめる」――そういう彼女が、ルールをはずれる必要がある、と考える場合とは、例えば、家を裸足で飛び出してきたらしい女性に、彼女の犯した交通法規上のミスだけでなく、その背景にあると考えられる私的な悩みについて聞いてあげなければならないと判断した場合、また、大音量の音楽が聞こえているのに誰も応答しないという近所から苦情が出た部屋が、たまたまその女性の部屋だとわかった時点では、管理人が来るまで待つという通常の手続きを無視し、窓を割って入らねば大変なことが起きている可能性があると判断した場合なのである。結局、悩んでいるように見えたその女性は、夫との問題を抱え、自殺を図ってバスルームに倒れているのが発見される。すぐ応急処置をし、救急車を呼ぶことで、彼女の命は確実に助けられたのである。「したことは正しかったでしょう」と言う新任警官に、ベテラン警官は、「それは結果論。ルールは守るべき」と言う。納得がいかない彼女だが、ベテラン警官の方も、翌日お見舞いに行き、その女性の手を夫がしっかり握って、いたわっているのをドアの隙間から見届ける。ルール違反のお陰で、命が助かり、助かったがゆえに、再生していく人間関係の可能性がそこには見えている。ドラマの最後に、ベテラン警官は元の職場に戻る。新任警官は、ベテラン警官の口から、「あくまでルールを守ることで、女性への偏見がある男社会である警察で自分の立場を保っていこうとした」という思いと、「でも他の方法もあるかもしれない」という彼女のやり方にも共感してくれる言葉を聞くことになる。こうした「青島の正義（というべきもの）」を強いて言葉で表現するのならば、「ルールだけを機械的に守っているわけにはいかない、ルールだから、しては駄目と言っていられない時がある、まず他の人間の痛みに対して

応答することが最初だ」ということになろう。

　この番外編で、「あなたは青島さんに似ている」と新任警官に言った別の女性警官が、「青島さんも、組織に入りきらないで、ぶつかっている。でも、それでも青島さんは揺るがない」というようなコメントをするシーンがある。こうした「青島の正義」が揺るがないで存在するところに、正義のヒーローとしての魅力があるのである。テレビ番組の最終回で、主人公の青島について、青島と一緒に働いてきた定年を控えたベテラン警官和久が、まさに正義という言葉で青島を説明している。「青島ってのは面白いやつでなあ……あいつは正義が何かよくわかってねえ。ちゃらちゃらしてるし、勘違いばかりする。勇み足の王者だ。だがな、ここに信念持ってやがる。若いのに珍しいやつでなあ」「おれはあいつと付き合って、最近わかったんだ。青島ってやつは、あれなんだ。あいつにはどうも、あいつだけの法律があるらしい」「…心の法律みたいなもんだな。上が決めた法律は破るんだが、自分の心の法律は絶対に破れないらしい。そういうやつなんだ、あいつは」——こんなことを言う。揺るがない、譲らない、絶対守るとする心の法律としての正義が、既存の組織のルールを超えて、他者のために、そして弱者のために向けられている時、魅力的な正義のヒーローが存在するのだろう。

　木村は「正義のヒーローは組織をはみ出す」というタイトルのエッセイの中で、「正義はいつも組織の論理とは少し距離をおいたところで個人の胸で燃えている」とし、山田太一のエッセイを引用して、組織からはみ出すことの意味について論じている(注14)。山田は、子供の頃に闇米の取り締まりに引っ掛かる。姉と二人でリュックにお米を持って帰っている彼は、どう見てもプロの闇屋ではない。しかし、取り締りのルールで行けば、子供の彼も捕まり、米をすべて没収されることになる。明らかに、家族のためだけの少量の米を抱えていたとしてもである。その時、一人の警官が小声で逃げるように言って行かせてくれたという実体験を書いたエッセイで、山田は、こう書いているという。

　　とにかく、はみ出さない人間は駄目だ、と思う。守るばかりの人間には希望がない、というように思ってしまいます。組織の中にある人間に逢う時、この人ははみ出す人かそうで

ないか、ということがすぐ頭に浮かびます。(注15)

　組織の中で自己の権力拡大のためにだけに力を使おうとする者や自己保持のためにルールに従う者、そうした者には出来ない、他者を対象にした正義のためにルールを破ることを、青島は見せてくれる。テレビシリーズの最終回で、青島は、ある犯罪者を見逃すというルール違反を犯せば、彼が捕まえたい犯人の居場所を教える、という取引きに応じるよう求められ、それを断る。取引を持ちかけた男は、「自分が信じる正しいことをする」と拒んだ青島について、「正しい。が、つまらない。」というコメントをつけて居場所を取引なしで教えてくれる。しかし、別の犯罪者を見逃すというようなルール違反は、断った青島も、犯人逮捕をするのには警察のルールに従っていては無理だと思う時には、方法においては大胆なルール違反をするのである。それによって処罰を受け、湾岸署を去り、交番勤務をしている青島に、落ちていた百円玉を男の子が届けに来る。調書を書きかけて、青島は結局、調書の裏に大きく「正しいことをした人には、ごほうびだ！」と書き、百円玉を男の子に与える。「超法規的措置だよ」と言って笑う。「正義のヒーロー」は、目の前の個別の不正義に応答しようとして、既存のルールを「はみ出す力」がある。警察のルールを無視した手段で追ってくる青島に逮捕されてしまう殺人者にとっては「危険」で、自分達の領域に入って裏レベルで取引をしないという点では悪人にとっては「退屈」で、世俗的な融通がきかないという点では小悪人にとって「邪魔」、ルールを絶対とする組織にとっては、「問題」である、そして、彼のルール逸脱の行動で勇気をもらった人々にとっては「希望」となる。一貫して自分の信じる正義に基づいて揺らがず行動するヒーローは、結局、どんなにドジであろうと、どんなに他のことでは欠点があっても良いのである。彼が正義のヒーローであることに変わりがない限り、すべての欠点はマイナーなことで、むしろそうした欠点は、ヒーローを私たちに身近な存在にしているに過ぎないのだから。そして、私たちは、正義を見るのは好きなのだ。

## 4. 「正義」の「ヒーロー」は「強い」

　その正義が揺らぐことなく実践できる正義のヒーローに対して、私たちは必ず「強い」と形容詞を冠する。この強さが、揺らがないヒーローの正義のあり方から来るのは確かであろう。時には打ちのめされ、敗北したかのように見える時があるにも関わらず、その正義そのものが揺らぐことがないゆえ、正義のヒーローは強い。この強さの正体を、さらに以下のように説明してみたい。ヒーローとそうでない者との違いは、実践したことが、他者にどう取られるかということへの関心があると考えられる。ヒーローは、どんな時でも、他者の評価のために正義を実践することがない。ニーチェのいう「主人」である人間が一つのヒーロー像の典型を与えているといえる。「主人の評価を主人の享受から発する。ありのままの自分であることを享受する人間、自分が幸福で良い者であると肯定し、そうするのに自分と他人を比較したり、他人の意見を考慮に入れたりする必要のない人間[注16]」であり、出発するのは他人からで、それも自分を肯定する力がないために他人の否定から始める「奴隷」と対極にある[注17]。奴隷は差異を対立とし、主人は自分が異なることに満足して、同じでない人から脅かされていると感じる必要がないことにある。「主人」は「能動的な力」を持ち、「奴隷」は「反動的な力」を持つ[注18]。反動的な力は、それだけでは徹底的にやり通すことが出来ず、障害を打破することもないが、能動的な力は強い。もちろん、そうした能動的な力による強者が、必ずしも、事実上の支配者であるわけはない。なぜなら、事実は存在せず、解釈が存在するだけであり、さらに事実上支配しているのは弱者であり、弱者が集団として群がり強者を圧倒するからである[注19]。

　アレントは、『人間の条件』の中で、自分の物語を始めるという自発性の中にヒーローを見ている。つまり、ヒーローに不可欠な勇気の意味も、「自ら進んで活動し、語り、自身を世界の中に挿入し、自分の物語を始めるという自発性[注20]」なのであり、「自分がだれであるかを示し、自分自身を暴露し、身を曝す[注21]」こと、その活動と言論自体に勇気があるのである。アレントの言う

8章 「ヒーロー」──強い正義の「ヒーロー」と「ヒーロー」を支える者たち──　117

活動者または言論者としての生涯のみが、物語作者に「自分の行為の完全な意味」を渡すことのできる、物語の「主人公」ともなり、それを自分が作ったという点では、誰よりもヒーローとして傑出するのである[注22]。さらに、自分が誰であるのか、自分の正体を明らかにする活動と言論こそは、アレントの言う「公的領域」であり、その領域においてこそ、ヒーローの特質が見えてくるわけで、ヒーローに必ずあるといってよい「栄光」も、そこにだけ存在する。なぜなら、活動が完全に他者に見えるには、そこに明るさが必要であり、そこまでの明るさは公的領域のみに存在するからである[注23]。善行の人は、自分自身は無にし、公的領域では完全なる匿名性を保つため、犯罪者は、自分を他者から隠すため、どちらもヒーローになることがない[注24]。こうして見ると、ヒーローの正義の強さは、特異性のため集団から離れて外にたつことを怖れる必要がなく、自分のあるがままを享受できる強さによって力を行使し、集団から見て、勝者であろうと敗者であろうと、他者の評価を気にする必要がないからなのであり、他人の評価にではなく、目的に向かっての力強い行為そのものに英雄性が見えるのである。大衆には、公的領域でのヒーローの言動や行為が見えるわけだか、そこに自らを明らかに示す点で、ヒーローは大衆とは明確に異なるのである。ヒーローと言えば連想される栄光も、公的場所に出るヒーローであるがゆえに他者から受けることになるだけであって、栄光そのものを目的としてヒーローが出ていくわけではない。栄光は後からついてくるだけであるのだから。そして、まさにその点に、ヒーローの強さがある。

　2001年から3部作として公開され大ヒットとなった映画『ロード・オブ・ザ・リング』の第2部で、指輪の魔力と重荷にフロドが打ちのめされそうになった時に、友人であり従者として側にいるサムがフロドに「ヒーローとは引き返さなかった人なのだ」と語る、非常に印象的な場面がある。原作の *The Two Towers*（*The Lord of The Rings Part 2*）[注25]（『指輪物語2　二つの塔』）では、引き返さなかったことで「物語」に残る者が何を意味するのかを、サムはさらに長く語っている。

　And we shouldn't be here at all, if we'd known more about it before we started. But

I suppose it's often that way. The brave things in the old tales and songs, Mr. Frodo: adventures, as I used to call them. I used to think that they were things the wonderful folk of the stories went out and looked for, because they wanted them, because they were exciting and life was a bit dull, a kind of a sport, as you might say.
　But that's not the way of it with the tales that really mattered, or the ones that stay in the mind. Folk seem to have been just landed in them, usually—their paths were laid that way, as you put it. But I expect they had lots of chances, like us, of turning back, only they didn't. And if they had, we shouldn't know, because they'd have been forgotten. (p.399)

（そして、私達もここにいることはなかったでしょう。もし、始める前にもっとわかっていたら。しかし、物事はしばしばそういうものでしょう。昔のお話や歌の勇敢な出来事はね。フロド様。冒険って前には言っていました。話の中の素晴らしい人々が出かけていって探すようなものだと。なぜなら、お話の中の人々がそう望んでいたからだと。わくわくするし、人生はちょっと退屈ですし、気晴らしのような類でしょう。しかし、本当に大事な、そして心に残るお話の場合は、そんな事ではなかったのです。人々が、丁度お話の中に置かれたように見えます。道がそのように敷かれているようにというべきでしょうか。しかし、きっと彼等だって、丁度私達のように引き返す機会は沢山あったのでしょう。でも、彼等だけが引き返さなかったのです。もし、彼等がそうしていたら、私達は、知ることもできなかったのです。彼等は忘れられてしまったでしょうから。）

　こうして引き返さなかったヒーローは、公的領域、すなわち物語に残り、ヒーローとして記憶される。しかし、そうなるためにヒーローは引き返さなかったのではなく、引き返さなかった行為でもって揺るがない正義を実践しただけなのであり、それゆえにヒーローなのである。

　2005年4月18日のタイム特別号[注26]は、世界で最も影響力のある100人を選出したものであった。その中に、「ヒーローとアイコン」のセクションがある。例えば、そこで挙げられた中の二人、ウクライナのユシチェンコ大統領は、政治的迫害、さらにはダイオキシン服毒事件を生き残り、2004年11月ウクライナ大統領選挙の結果から始まったオレンジ革命を成し遂げたのであり、ケニアの環境活動家ワンガリ・マータイさんは、独裁政権下での投獄を始めとする数々の迫害にも屈せず、現在までに3000万本の木を植えたグリーンベルト運動を導き、2004年度ノーベル平和賞を受賞したのである。こうした人々

はメディアで大々的に報道されて月日が経っていないため、世界の多くの人に与えた感銘がまだ強烈に残っているヒーローであろう。しかし、このセクションには、報道量においては過去にすでにピークが過ぎたであろう人物も同様に挙げられている。例えば、ネルソン・マンデラである。長い間人種差別と戦ったヒーローは、1990年刑務所から釈放され、1994年大統領となった頃が、世界的な規模での報道が一番多かったに違いない。しかし、86歳のマンデラが、引退してなおエイズの問題や対外問題に関して、世界の人々が尊敬することのできる言動で国のあるべき方向を示し続けていることが、2005年の特別号の中にヒーローの一人として彼が出てくる理由なのである。"Although history dictated a far greater role for him, he has throughout his career manifested the unmistakable grace and authority of a natural aristocrat,[注27]" と誰もが認めるように、彼は、長い月日、公的領域に現れ続け、引き返さない、揺るがない彼の正義を「一貫して」見せている一人である。その長期間における公的領域における輝きのもとに、彼の強さを否定できる者がいるだろうか。

## 5. 「ヒーロー」ではない者に出来ること

　正義のヒーローが、虐げられ困難にある人々を救う時、私達は、正義がまっとうされたと感じる。並の人間であれば逃げ出すような状況で、困難に立ち向かい超人間的な働きをする人々に、私達は、「なんとかしてあげたい」「何かをしなくては」という状況下で、心に思っていても実行を躊躇してしまうようなことを行動に移すことができる、優れた人間として、ヒーローを捉え、自分達の気持ちを代弁してくれる者の行動の中に感動的なヒロイズムを見る。そして、ヒーローの強さに感銘を受ける。しかし、そうした私達、ヒーローではない者も、ヒーローの揺るがない正義に感銘を受けるだけの存在ではないのである。そのことは、実在のヒーローであれ、虚構のヒーローであれ、あらゆる文化における正義のヒーロー物語が明瞭に示しているのである。

米文化の生んだ押しも押されもせぬヒーローの一人であるバットマンの最新の映画を例にしてみよう。2005年に日本でも公開された『バットマン・ビギンズ』は、幼い頃に両親を殺された主人公ブルースが、いかに「正義のヒーロー」となっていくかに焦点をあてて描いていた映画である。今までのバットマン映画とは全く趣を変えた重みのあるトーンで展開されるヒーロー誕生話であった。その中で、ブルースが打ちのめされそうになる逆境の度に、老執事が彼に返す言葉、そして言葉とともに示される行動が、ヒーローとなった彼を支えているのが一つの見せ場となっていた。例えば、彼が屋敷も燃やされ、命からがら地下の穴に落ち込むように逃げた時、老執事と彼の会話はこう進む。

　　（自分が街を救うことも出来ず、敗れてしまったと感じているバットマンが言う。）
　　"I thought I could help Gotham," "But I've failed."
　　（それに対して、執事は言う。）
　　"And why do we fall, sir?"
　　（そして、執事は自分で答える。）
　　"So that we might better learn to pick ourselves up"
　　（バットマンが尋ねる。）
　　"Still haven't given up on me?"
　　（執事は答える。）
　　"Never."

"Never."――これこそが、バットマンが危機に打ち負かされそうな時、執事がいつも使う言葉であった。まさに最悪の状況におけるヒーローへの心を癒すような言葉なのである。
　同じ映画『バットマン・ビギンズ』の最後、ヒーローであろうとする限り、愛する女性は自分とは歩めない、そのことを悟った失意のバットマンが、消失した屋敷を完全に元のように再現するのだと言う場面で、執事がすぐに応答する。

　　"Just the way it was, Master Bruce?"
　　"Yes. Why?"

8章 「ヒーロー」——強い正義の「ヒーロー」と「ヒーロー」を支える者たち——　121

"I thought we might take the opportunity to make some improvements to the foundation."
"In the southeast corner?"
"Precisely, sir."

バットマンが活動をする場所を屋敷内に作ることを示唆した、ここでの執事の言葉は、愛する人とは自分がヒーローである限り一緒に歩むことが出来ないという「ヒーローの孤独」をまさに味わった直後のヒーローに向けられた単なる慰めや癒し以上となっている。ヒーローであり続けることへの力強いエールであり、バットマンとして生きるヒーローの正義の行為を肯定し、勇気付け、ヒーローのヒーローとしてのこれからの歩みを積極的に後押しする力にさえなっている。

　最後までフロドとサムが旅をともにする『指輪物語』でも、一人で困難な旅をすることを決意するヒーロー、フロドと、彼を一人にしないようにするサムという図式のコミュニケーションが全編を通してモチーフのように幾度となく示され、「一人で行くことができる」ヒーローと、ヒーローを「一人にさせないようにする」ヒーローの支持者との関係を浮かびあがらせている。三つ例を挙げてみよう。以下の例は、全て、*The Fellowship of the Ring* (*The Lord of The Rings Part 1*)[注28]（『指輪物語1　旅の仲間』）からである。

① 指輪を持ってホビット庄を立ち去ることを決意した時に、一人で行くしかないとフロドはガンダルフに言う。'And I suppose I must go alone, if I am to do that and save the Shire.' (p.82) しかし、それを立ち聞いたサムは、一緒に行くという。'Couldn't you take me to see Elves, sir, when you go?' (p.84)（「エルフ族を見に私も連れて行ってくださいますか。あなたが行かれる時には。」）

② 指輪の運び手をみつけることができず皆沈黙する会議で、フロドは、一人で指輪を携えていくという使命を受けようとする。'I will take the Ring,' he said, 'though I do not know the way.' (p.355) その決意にエルフの王からヒーローとして賞賛の言葉は与えられる。しかし、サムだけ

は飛び出して叫ぶのである。'But you won't send him off alone surely, Master?' cried Sam,' (p.528)(「まさか、たった一人でフロド様を送り出すということはないですよね。王様。」とサムは叫んだ。)

③ 指輪の魔力に惑わされる人間の弱さを知り、一人で指輪を携えて行くことをフロドは決意する。'I will do now what I must,' he said. 'This at least is plain: the evil of the Ring is already at work even in the Company, and the Ring must leave them before it does more harm. I will go alone.' (p.528) しかし、それに気がついたサムは、泳げないにも関わらず河に入りフロドに付いて行こうとする。'It would be the death of you to come with me, Sam,' said Frodo, 'and I could not have borne that.' 'Not as certain as being left behind,' said Sam. But I am going to Mordor.' 'I know that well enough, Mr. Frodo. Of course you are. And I'm coming with you.' 'But not alone. I'm coming too, or neither of us isn't going." (p.534)
(「もし私に付いてきたら死ぬだけだよ、サム。」とフロドは言った。「私にはそれは堪えられないんだ。」「後に残されるほど確かなことではないです。」とサムは言った。「しかし、私はモルドールに行くんだよ。」「ええ、よくわかっています。フロド様。あなたは、もちろんそうされるんです。そして、私は、あなたと行くんです。」(中略)「お一人ではありません。私も行きます。そうでなかったら、どちらも行かないんです。」)

そして、この三つ全てのコミュニケーションの後、フロドは、いつも「一人で行くこと」を決意した時よりも明るく元気になる。なぜなら「一人で行くことができる」ヒーローにも、「一人にさせないようにする」支持する者の気持ちと存在は大いなる勇気付けだからである。

3節で挙げた正義のヒーローについての木村の論説では、さらに、山田のエッセイの以下の部分を引用し、「正義という言葉より、あるいはこの言葉のほうが適当かもしれない。『救い』があるか、ないか。」と結んでいる。

> しかし、それを見ていた警官はどうでしょうか。沢山の警官がいたのですから一人も見ていないはずがない。見ていて「曖昧」に黙認した警官がいただろうと思うのです。そういう「曖昧なハミ出し人間」が組織にふえることが、私のように外側にいる人間にとっては

救いです。(注29)

　『踊る大捜査線』の一連のストーリーが見ている者に与えるカタルシスにはこれもあるだろうなと思う。ルールを破る警官を黙認する警官のような、ヒーローのようにルールを破ることは出来ないし、しない、しかし、ヒーローの行動を黙認することで、ヒーローの行動を達成させる、そうした人々が、『踊る大捜査線』にも存在する。「青島さん、困りますよ」と言いながら、彼のはみ出しを黙認する、または、彼がスタートしたルール破りが良い方向へ行くために協力する仲間は、私たちをとても良い気持ちにさせてくれるのである。その仲間には、なれるかもしれない、と信じる、信じたい大多数の私たちのような者の共感を得るという点でも『踊る大捜査線』は魅力的なのであろう。『指輪物語』で示したような言動をするサムや、『バットマン・ビギンズ』の老執事は、「正義のヒーロー」本人になることはない、しかし正義のヒーローが正義のヒーローで居続けるために必要な存在である。正義のヒーローの活躍には、そうした正義のヒーローと、そうした者が必要であろう——そう思うことこそが、ヒーローの「正義」を見ることには希望を持つ大多数、同時にヒーローになれない大多数の者の、もう一つの、そして大切な希望なのであろう。同僚の警官たち、サム、執事がそれぞれの「ヒーロー物語」に記されているように、この大多数も「物語」にわずかではあるが記されるのである。
　世界中の人が差別と闘ったヒーローと文句なしに認めるであろうキング牧師も、生前しばしば「知られざる地上整備員」について語っていたと言う(注30)。彼を支える多くの支持者を航空機の飛行準備をする無名の労働者に準えることによって感謝し、彼が今こうしてあるのも、新聞の見出しを飾ることもなく、誰と知られることもない人々が、公民権運動に参加してくれたおかげであると称えた。キング牧師は運動のシンボルとなったが、その陰には、このような支持者たちの存在があったのである。タイム誌に挙げられたと前項で例に引いた3人はどうだろう。ユシチェンコ氏は、「普通の人々の力を信じ」勝利を収めたのである。"Yushenko, 51, rescued Ukraine from the triumph of deceit because he believed in the power of ordinary people.(注31)" マータイさんの

運動も、「貧しい女性がほとんどを占める、彼女の支持者」があってこそ続いたのである。"It was the first of many run-ins with the oppressive government of Daniel arap Moi, which had her arrested, imprisoned and even beaten up by hired thugs. Yet Maathai and her followers, most of them poor women, stuck to their task and have planted more than 30 million trees to prevent soil erosion and provide firewood for cooking.(注32)"
こうしたことが示すのは、ヒーローの存在するところには、ヒーローを信じついていったヒーローでない人々の存在があるということである。

　ネルソン・マンデラも自伝の中で、誠実で強靭なる民衆を称えている。「勇者とは、何もおそれない人間ではなく、おそれを克服する人間のことなのだ。わたしはこの偉大な変革が成し遂げられるという望みを、一度も捨てなかった。すでに名をあげた英雄たちだけでなく、この国のふつうの男たち、女たちの勇気を信じていたからだ。(注33)」誰もがヒーローとして生きることは不可能である。丁度、誰もがマンデラになることはできないようにである。彼は、公的空間で自分の物語を全て明らかにし、そして86歳の今なお輝いている。同時に、私たちは彼の背負った恐るべき苦闘も知っている。誰もが彼のようにすることを要求される——差別に苦しむ人々を救うという「正義」のために、想像することさえ難しい長い年月の孤独な投獄に耐え、闘争を続ける——としたら、多くの人々は、ただたじろぐだけであろう。しかし、正義を見るのは好きだが、エゴイズムから跳躍する力を持ち得ない、そうした大多数の者も、ヒーローと同じように努力はすることを必要とされていることが、ヒーローの存在があるからこそ理解できるのである。トドロフが言う。

　　各人が世界の全不幸の責任を自己のものとし、どこかに少しでも不正の痕跡が残っている限り、静かに眠ってはならないと、要求すべきなのか？また、みなのことを考え、何ごとも忘れてはならないと要求すべきなのか？もちろん、否である。そのような役目はまさに超人的であり、これを引き受ける者が一歩踏み出す前に、彼は死ぬことになろう。忘却は重大であるが、また必要でもある。聖人以外の誰もが、いっさいの安楽と安らぎを捨てて、厳密な真実に生きることはできないだろう。それゆえ、ひとはより小さな、達成可能な目標を設定するのだろう。つまり、平均に近親者を気遣うことである。しかしまた、困窮時

にも、その通常の限界を超えて、この集団の先頭に立つための力を自己に見出し、顔を知らぬ人々さえ、近親者と認めることも、である。(注34)

マータイさんが、「たった一人になっても正しいことは正しい」と言ったと聞いたことがある。たった一人になっても、エゴイズムから跳躍し、「正しいこと」を遂行することで、公的領域で輝くことは、ヒーロー以外には出来ないことである。「たった一人になっても」「いっさいの安楽と安らぎを捨てて、厳密な真実に生きる」ことを選ぶヒーロー達と、そうでない者達の間には、越えられない違いがある。しかし、たった一人になることを恐れないヒーローを、たった一人にさせないように支え努力できる人々になれるなら、設定した「達成可能な目標」を超えて自分も努力することができる、そう思わせるのは、そこにまずヒーローの存在があるからである。

## 6. 「ヒーロー」から受ける力

*The Two Towers* (*The Lord of The Rings Part 2*) で、フロドが、引き返さなかった人々の話をサムから聞かされた後、いつもサムと話すとフロドがそうなるように、また指輪を運ぶ使命を果たすヒーローとしての気力を再び取り戻し、笑いながら言う。子どもの言葉にかえて、サムが自分にとって勇気付けてくれる、後押しする存在であることを言っていると解釈できる場面である。

'to hear you somehow makes me as merry as if the story was already written. But you've left out one of the chief characters: Sam-wise the stouthearted. "I want to hear more about Sam, dad. Why didn't they put in more of his talk, dad? That's what I like, it makes me laugh. And Frodo wouldn't have got far without Sam, would he, dad?"' (p.401)
(お前が言うのを聞いていると、まるで物語がもう書かれているように楽しい気分になるよ。しかし、一人ほど主要な人物を忘れているよ。勇敢なサムだ。『もっとサムについて聞きたい。お父さん。どうして彼についてもっと話していないの。それが好きなのに。笑いたくなるのに。フロドだってサムなしでは遠くまで行けなかったんだよね。』)

フロドは続けて、多分、その子どもでさえも「もう本を閉じて読まないで」と言うかも知れない様な物語の最悪の部分に自分達はいるのであろうとサムに言う。

and it is all too likely that some will say at this point: "Shut the book now, dad; we don't want to read any more." (p.401)
(「誰かがこの時点では言うだろうね。「本を閉じて。お父さん。もう読みたくない。」

それに対して、サムはこう答えるのである。

'Maybe,' said Sam, 'but I wouldn't be one to say that.' (p.401)
(「かもしれません。」とサムは言った。「でも、私はそう言う者にはなりませんよ。」)

指輪を自分自身が運ぶことは出来なくても、その指輪を永遠に葬ろうと指輪の魔力と戦い運び続ける正義のヒーローの物語を、自分の恐怖から閉じさせようとする者にならないだけの勇気を、私たちもサム同様に示すチャンスはある。サムになって、青島の同僚達になって、行かせてくれた警官を見逃した警官達になって、老執事になって、そしてマータイさんが7本から始め3000万本にまでした、その植林活動を担う一本の苗木の植え手となって、その正義は揺らがないとは言え、正義のために行動する過酷な道程で苦痛や孤独に打ちのめされることもあるヒーローを支えるのである。

　自分だけでは決して示せなかった勇気をだし、自分一人では行き着けなかったかもしれない高みに一緒に連れていってもらえるという、その高みを続けて見てみよう。フロドは、指輪の魔力と重圧に傷つき疲れ果て、それでも這いずって進もうとする。その時、サムは、ヒーローを背負って運ぼうと試みる。以下は、*The Return of the King* (*The Lord of The Rings Part 3*) (注35) (『指輪物語3　王の帰還』) からの引用である。

"Come, Mr. Frodo!' he cried. 'I can't carry it for you, but I can carry you and it as well. So up you get! Come on, Mr. Frodo dear! Sam will give you a ride. Just tell him

8章 「ヒーロー」──強い正義の「ヒーロー」と「ヒーロー」を支える者たち── 127

where to go, and he'll go.' (p.258)
(「行きましょう。フロド様。」と彼は叫んだ。「あなたの代わりに指輪は運べません。でも、指輪とあなたを運ぶことはできるのです。さあ、行きましょう、フロド様。サムがあなたを運びます。どこに行くか言ってくだされればいいんです。そうすれば行きます。」)

サムはフロドに代わっては指輪を運べない。でも、指輪をつけたフロドを運ぶことはできる。これこそが、ヒーローとヒーローを支える者の超えられない大きな違いである。しかし、同時に、サムは、自分がヒーローを背負い、まさにホビットの子どもを運ぶのと同じよう軽々と運ぶことができることも発見するのである。

> 'Whether because Frodo was so worn by his long pains, wound of knife, and venomous sting, and sorrow, fear, and homeless wandering, or because some gift of final strength was given to him, Sam lifted Frodo with no more difficulty than if he were carrying a hobbit-child pig-a back in some romp on the lawns or hayfields of the Shire.' (pp.258-259)
> (長い間の苦痛、ナイフで受けた傷、毒針の傷、悲しみ、恐怖、故郷を離れた流浪のために、そこまでフロドはやつれてしまったのか。それとも、最後の力の贈り物が彼に与えられたのか、サムは、フロドをホビット庄の草原や草刈場でふざけてホビットの子どもを背負っているかのように、何の困難もなくフロドを背負ったのである。)

ヒーローは傷つき、長い放浪と苦痛、悲しみ、恐怖にやつれはてている。それも理由だろう。しかし同時に、後者の理由も正しい。ヒーローを軽々と背負うことを可能にした「最後の力の贈り物」ともいうべきものが、まさにヒーローが存在してくれたゆえにヒーローを支えた者が得ることができる「高み」の一つなのである。サムは、意志の力が許す限り（"so Sam struggled on as best he could, having no guidance but the will to climb as high as might be before his strength gave out and his will broke."（p.259）、その背でフロドを運ぶ。言い換えれば、ヒーローを支える者も、また「強さ」を勝ち得ていく。もちろん、ヒーローの「強さ」は存在する。最終的には、フロドは、また這いずって目的の場に到達し、ヒーローの「強さ」を示すのである。こうしたヒー

ローとそのヒーローを支えた者が、「正義」に対するそれぞれの異なる役割を維持しながら、お互いをより強い存在に変容させていくコミュニケーションは、普遍的なパターンとしてヒーロー物語に見ることができる。

　結局、正義のヒーローを支える瞬間を与えてもらい、自分だけでは決して示せなかった勇気をだし、自分一人では行き着けなかったかもしれない高みに一緒に連れていってもらえることは、まさに正義のヒーローを持つ文化の、そしてそこに生きる大多数の者たちがヒーローから受ける幸せでもある。その幸せは、ヒーローがいてこそ手に入るような「幸せ」である。だからこそ、虚構であれ、実在であれ、ヒーローというものは大衆に愛されるのだともいえる。エゴイズムから完全には跳躍できないで、自分が幸せをほしいという点では自分本位のエゴイズムから完全には抜け切ることができない大衆たちの「幸せ」の源でもあるのだから。

## 9章 共　同　体
──共同体と求められる「ヒーロー」──

### 1.　正義の解釈

　2001年9月11日のアメリカにおける同時多発テロ、そして、正義の戦争を謳い、一ヶ月にも満たない時期に開始された米国のアフガニスタン空爆は、異文化コミュニケーション教育において、「正義」を扱わないわけにはいかないのだと強く思わせることになった。それからも、2003年の米国と英国によって始められたイラク攻撃、その後イラクでの自爆テロの頻発、2004年のマドリードでの列車爆破テロ、2005年のロンドンでの自爆テロというテロ地域の拡大、2006年のイスラエルによるレバノン爆撃、さらには世界のいたるところに起こっている文化・民族の衝突と暴力の連鎖についての報道、という中では、避けては通れないと思っていたその正義の扱いがますます問われているという思いが強まるばかりである。この章では、ローズの正義論を基に、考察をまずすすめてみたい[注1]。
　「正義」の重要さは誰でも理解しているということは、正義が重いと感じる私たちの感覚にもあらわれている。小学生殺傷事件の被告に死刑が宣告された、その前日、新聞に被害者の一人の母親の言葉が載っていた。「命を奪った者は、命をもって罪を償うという正義が実現しない限り、現実を直視して生きていくよりどころがつかめない。」命を奪った者は、命をもって罪を償うという正義──応報的正義である。命の尊さを奪うという卑劣な行為をした者については、正義のもとに命を奪うことが出来るとは重いと感じた。しかし、同時に、「命を奪った者に、命で罪を償わせない正義」もあるのではと思ってしまう。一方では、惨いリンチで同級生達に殺された一人の少年の記事を読んだ

後、強い怒りが込み上げてきて、「こういう輩が軽い罰ですむなんてとんでもない」と憤っている自分がいる。どういう罰なら妥当だと思うのかと自分に問い掛ければ、ともかく年齢が達していないからという理由で起こる「不当に軽い刑」に怒っているだけで、具体的には何も提案できない。「死刑」という言葉が引き起こす正義への疑念、「不当に軽い刑」の引き起こす正義への疑念。どうも、私は、その両極端で、どちらにも正義がないという程度でしか、自分の正義に応えるはっきりした物差しは持ち合わせていないのである。多くの一般の人がそうであるように、だから法の裁きが必要なのであろう。加害者の年齢、状況、すべての条件を法律のもとに照らし合わせて、公正に与えた刑罰ということでは正義であり、法の下の正義なのだけれど、それでも私達の正義の感覚に動揺を引き起こすという事実が、正義の重さを示しているのかなと思う。法律が公平な正義を保証しようとしてくれていても、どうしても満足できない人々の正義の感覚がある。犯罪への判決を聞くと、自分自身の正義の感覚も問われているのだと感じる。問われたその正義の感覚に基づいて、さらに応答をしようとするかどうかで、その強さがわかるのであろう。私がいつも傍観者であることが示しているのは、私の正義感覚の度合いでもある。「怒った」「不愉快だ」と言いながら、自分の居場所から抜け出すことがない私の正義の限界でもある。

　同時に、これほどまでに私達の暮らしに密接な正義という概念を、きちんと私たちは語ることもしないで長い月日を過ごせるのはなぜだろうと考えてみる。ごく普通に暮らしている私たちにとって、おそろしく抽象的で曖昧であるし、主題としても重すぎて、自分の痛みや恥ずかしさに触れ、他の人には堅苦しく思われて笑われそうだ、と——そんな正義の性質もある。また「普通に暮らす」という枕詞に出てしまうように、正面きって正義を問わなければいけないほどの危機に私たちが出会わなかったのかもしれない。というより、出来事に対して正面きって正義を問う程の危機だと感じることが出来るほどの強い正義感覚を自分が持っていないのであろう。私の場合は、正義を実践しているがゆえに当たり前だから「正義を語らない」のではなく、そうした状況のために「語れない」のであろう。そうなると、「正義を語らない」と居直るのはまさに

情けないことになる。

> 正義について語るということは、己れの生をいかに形成すべきか迷い悩む青年に道を示してやることではない。（中略）例えば、小学生の視野にも割り込んでくるような街角に氾濫するセックス産業の広告は寛大に放置しておきながら、一人楽しむために買ってきた外国のポルノ雑誌を税関で厳しくチェックするのは正当な権力の行使と言えるだろうかとか、同じ国土に定住して税金も納めていながら、外国人であるという理由だけで指紋押捺と登録証の携帯を義務付けるのは公平かとか、そういったような問題について考え、議論することである。即ち、正義とは人々が強制によってでもその実現へと響導さるべき「善き生」についての唯一の正しい理想のことではなく、善き生についての自己の解釈を生きることにより自己の生を意味あらしめようと努める各人の自由が、他者の同様な自由を侵害することなく実現され得るための条件を構成する価値である。(注2)

「正義について語る」ということは「自己の生を意味あらしめようと努める各人の自由が、他者の同様な自由を侵害することなく実現され得るための条件について議論することである」――とすれば、私も、「異文化コミュニケーション教育のおける正義の扱い」を、「各人の自由が、異文化に属する他者の自由を侵害することなく実現され得るための条件について議論」していくことで、少なくとも情けない思いをしないですむのかもしれない。

そもそも、「正義」について、私たちがある出来事における対処の正義について問う時、平素は誰にでもわかっているかのように「正義」という言葉を使ってしまっているにもかかわらず、それでいて、自分とは解釈が違う「正義」に出会ってしまい、その使い方に疑問を発して、改めて、私達は、正義とは一体何なのだろうか、と問い掛けることになるようである。この正義については、多くの西洋哲学の学者によって論じられてきた(注3)。近代まで、正義は、社会そのものを動かす中の重要なルールに関わることは明瞭ながら、その抽象度の高い概念として、様々な解釈を取ることを可能にしてきたのである。碓井は、以下のように言う。

> もともと正義は究極的な価値ではない。それは社会的福利や個人の尊厳といった価値を実現する条件なのである。「人間いかに生きるべきか」というソクラテス的な問いが哲学の出

発点であり、帰着点であるとするならば、正義はこの問いに対して直接的な答えを与えるものではなく、そのさいに踏まえるべき条件を与えるものなのである。その意味で、正義はさまざまなライフ・スタイルを万人に保障する、社会的ルールと解されるべきなのである。(注4)

## 2. ロールズの正義論の活用

　ここでは、それでは異文化コミュニケーション教育において「正義」はどう考えられるべきか、という問いに答えることが出来ると考える、リベラリストのロールズの正義論を考えていく。1971年に『正義論』を出し、現代正義論を提示したといわれるロールズの正義観は、平等、公正の正義といわれている。ロールズの正義論では、正義と善の関係において、正義が優先する(注5)。正義のルールを守ることで、それぞれが主観的な判断に委ねられている善を追求するという自由主義的性格がある(注6)。こうした「正義の善に対する優位」というロールズの正義論における正義と善の関係を、井上は以下のように説明している。

　　正義と善とのこの関係規定は、多様な善き生の理想を追求する人々がともに公平として受容しうるような基本構造をもつ政治社会を志向するもので、まさに価値対立的正統性危機の克服を念頭に置いたものである。それは善き生の追求よりも正義の実現の方が重要であるという思想ではなく、人々にとって善き生の追求があまりに重要な問題であるがゆえに、国家は善き生を志向する人々の自律的探求を、従ってまた善き生の解釈の多元的分化を尊重し、多様な善き生の探求を可能にする基盤的条件としての正義の実現を自己の任務とすべきであるという理念に立脚するものと私は解釈している。(注7)

そして、「正義を『基底』にしてこそ善は豊かに開花するという思想」を託して、井上自身は「正義の基底性」と呼んでいる(注8)。
　ロールズは、正義の原理を「原初状態」から説明する。「原初状態」とは、「到達される基礎的な合意が公正であることを保障する適切な初期のありのままの状態」である(注9)。この「原初状態」という観念そのものが、「合意される

原理がいずれも正義に適うように、公正な手続きを作り上げるためのもの」であり、そのために、「無知のヴェール」の背後に人は置かれていると仮定しなければならないとする[注10]。そうすれば、人々は、「様々な選択対象が自分に特有の事情にどのように影響を与えるかを知らないし、ただ一般的な事由にもとづいてのみ原理を評価せざるをえない」[注11]。当事者が、「彼の社会が正義の環境にしたがっているということとこれが意味することの全て」のみ知っており、何ら、特定の自分の置かれている条件――「自分の社会における位置」「階級上の地位」「社会的身分」「生来の資産や能力の分配に関する自分の運」「自分の知性や体力」さらには、「自分の属す社会に特有の環境」、その「経済的、政治的状況とかこれまでに達成できた文明や文化の水準」さえも知らないと仮定した状態で、人々は、「その帰結にしたがって生きる用意のある原理を選択するにちがいない」のである[注12]。

　さらに簡単に言うならば、「原初状態」は、「無知のヴェール」を人間がかけた状態――いわば、自分がどういうアイデンティティを持っているか――人種、民族、性別、といった人間を無限に区別する要素を知らないと仮定した状態――である。その状態で、人が選ぶのは、必然的に、どんな状態に自分がおかれていても、自分が良い人生を歩める社会である。それがロールズのいう正義のあるところである。自分のアイデンティティがわからないのであるから、自分がなったら困るような社会は選べないということは、必然的に、他者にとっても困るような社会を選ばないことになる。自分がどんなアイデンティティを持とうとも困らない社会を選ぶことで、全ての人に最大限に限りなく平等な社会を選んでいく。この正義を第一の徳目としておく正義論においては、正義の二つの原理に統治されている社会は構成員との善とも整合するということを、ロールズは提示している[注13]。

　このリベラリズムの正義論に対して、批判がないわけではない。例えば、「原初状態」にあるとされる人間に本当に理性的な判断が出来るかという点である。森末が紹介している例はこうである。独裁者になって富と権力を独り占めしたいと思っても、自分が独裁者であるのかどうか「原初状態」ではわからないから、独裁者に搾取される側、奴隷であってはかなわないと思って、理性

的にその状態を選ばないとロールズの正義論では考えるべきであるが、その「理性的」であればというのは仮定にしか過ぎず、社会の現実では、理性的でない人間がいるという事実の矛盾である[注14]。これについては、さらに彼が言い換えて説明しているように、人間が「合理的なエゴイスト」としてふるまえるかどうかわからないということにもなる[注15]。

> いかに無知のヴェールをかけられているとはいえ、いや逆にかけられているからこそ、ロールズのいう原初状態における個人たちは、理性的に判断して議論し、合意にいたらなければならないからである。もし、これから創られるであろう社会において自分がどのようなポジションを獲得することになるかわからない、という自分のおかれた（原初状態における）現状自体を理解できない個人がいれば、それが一人か二人のごく少数であればともかくも…（中略）社会契約参加（予定）者の少なくない部分を占めているとすれば、多くの人たちにとってあまり悪くない平等な社会が創られるなどということは、およそ不可能になってしまうからであり、こうした原初状態のあり方を理解できても、自分の利害を正確に把握できていなかったり、将来の社会のあり方についてイマジネーションを欠いていたりする個人たちであれば、やはりロールズ流で創られる社会は、彼の議論とは別物になってしまうからである。[注16]

それゆえに、こうした個人は、「『実際にこのようにある』人間ではなく、『そのようにあるべきだ』という個人の姿である」という[注17]。

また、土屋が、ロールズの正義論に対する批判の一つをこう紹介している。「無」の個人からどのようにして権利を持ち、社会のルールについて判断をもった個人が生まれるというのかという批判である[注18]。これについて、土屋自身が、ロールズは、自分のアイデンティティには無知であるという仮定をしただけで、価値観、判断力もある人間を設定していて、そのために、「無数のアイデンティティへの可能性に開かれている存在であることへの恐怖があり、その（偶然性）への恐れがあるのだ」と言って反論している[注19]。そして、ロールズの正義論は、他者とともにこの世界を共有するという事実を、自明の前提からではなく、「原初状態」という条件をつけることで示したと高く評価する[注20]。つまり、ロールズの正義論の中では、他者への関わりも、「私たちの選択と自発的なコミットメント」により、自由と平等も神から施された人類

の共有物ではなく、「不確定な他者との共有物」にするからである[注21]。

## 3. コミュニタリアンからの批判

　何よりも、自分達は共同体によって部分的に決定されており、その共同体の共通善である道徳を第一の規範とし、共同体にとっての善を問わなければならないとするコミュニタリアンには、ロールズのように、正義が第一徳目であり、それを得るための普遍的規範をルール化しようとするリベラリストの正義論自体が受け入れられない。サンデルのロールズ批判は以下のようにまとめられる。

> 現実の世界では我々は、自分の様々な責務を決定しているだけでなくそのアイデンティティをもたらしているような諸々の利害や愛着から、自分たちを切り離すようなことはできないのである。ロールズのようなリベラルたちは我々に、そうした切り離しを行って自分たちの結合体を規律する諸原理を同定せよ、と主張し、権利の諸原理に適っているか否かによってその結合体（の正否）を判定せよ、というのである。そうすることによって我々は、自分で選んだ、もしくは作り上げた道徳に従って生きるのだから、我々は自由なのだ（という）。しかしこの主張は、我々に備わっていない能力を前提にするものなので、無意味である。[注22]

　結局、コミュニタリアンにとって問題なのは、ロールズの正義論の、まさにその立場そのものなのだと、クカサス達は結論する。サンデルのようなコミュニタリアンの激しい批判はまずロールズのとる立場そのものから出てくるのである。

> サンデルが攻撃しているのは、共同体は独立した個々人の結合の産物であり、そしてその共同体の価値はこうした個人たちを結びつけている諸条件の正義（如何）によって評価されるべきだ、というロールズ（ならびにリベラリズム）の根本的態度なのである。共同体論者は誰もがそうなのだがサンデルも、様々な結合体を形成するための合意をしたり合意の条件に同意を与えたりできる個人の存在そのものが、ある共同体の存在を前提としているから、上のような形で共同体を考えることは無意味だ、と主張したいのである。[注23]

このように共同体の共通善が最初に確立されて、それから正義を決定するコミュニタリアンには、リベラリストのロールズの立場は到底受容できないことになる。しかし、学問的に見た時、サンデルのロールズへの批判点は、さほどロールズの正義論に打撃を与えていないという(注24)。例えば、「原初状態において人びとが行う推論の中にそれの与える様々な価値と関心が潜在しているような共同体、の存在をロールズ理論が前提としている」というサンデルの批判についても、ロールズ自身がすでに「原初状態を通してその道徳的風景を眺望するよう我々に提案するが」、その原初状態自体は、「そこに既にあると前提されているものを明白に見せてくれるように設計されている」と自ら認めていることである(注25)。現在存在する社会に最善の形で、正義を達成するための、普遍的ルールを発見することがロールズの正義論の目的なのである(注26)。
　また、サンデルは、自我の問題で、ロールズ的な自我の原初状態での判断には、具体的動機が欠けていると批判するが、実際には、サンデル自身が、自我が政治的経験の所産であるとする考えの根拠を示していない(注27)。想定された主体が具体性を欠いているという批判も、「近代的主体の抽象性こそ、近代的自由や平等の普遍性を担う主体概念にふさわしい」(注28)のであり、こうした主体概念と「原初状態」の想定により、初めて「特定の価値観に左右されない公正な正義概念」を確立できるとロールズは考えたのである(注29)。
　井上は、彼の『他者への自由』で、コミュニタリアンによるリベラリズムへの攻撃を理解するのに、共同体論自体はリベラリズムがもたらしたとされる悪しきものへの反動なのだというところから順序立てて説明し、コミュニタリアンの主張の方にこそ懸念される問題があることを論じている。井上は以下のように説明する。まず、リベラリズムが「共同体的人間関係の場を破壊させたという認識」と、その「共同体の崩壊が、現代人を蝕む社会病理の真因」であるというのがコミュニタリアンの認識であり、そこには、彼らの深刻な危機感が存在している(注30)。それゆえ、共同体論は、共同体の再生を謳い、そこで個人は「共有された伝統に埋め込まれた共通善と、さらに、かかる共通善を熟慮し、討議し、実現する過程に共同参加することそれ自体とを、自己の同一性を構成する善き生の構想の一部として追求している」(注31)。井上自身も、環境問

題のように共同体論が示唆するアプローチで考えていくことを必要とする現代社会の問題が存在することは認める。しかし、共同体自体が「自由な主体を疎外し、偏狭と狂信、臆病な他者同調願望を再生産する場」となるかもしれないから、共同体論のように、「一定の善き生の理想を共有する同質的な共同体の保全・復興を要求する」ことには大きな危険が伴うという[注32]。それゆえ「共同体の『期待される人間像』からはみ出す自由、善き生についての自己の解釈に誠実に生きる自由」を権利として保障するリベラリズムの原理こそ守られなければいけないのだとし、さらには、共同体論が責めているリベラリズムの自由—「権利としての自由」—は、共同体論の「徳としての自由」を排除しておらず、むしろ、後者を可能にする条件なのだと言う[注33]。なぜなら「権利としての自由」が「正義の基底性」において、他者の自由をも権利として取り込み、自己の自由を他者の自由によって試練にかけていくからである。したがって、リベラリズムの自由は、共同体論の批判する個人の自由の無限追求や耽溺ではなく、他者の受容を持って、むしろ正義という試練によって鍛えられる自由として存在する[注34]。

## 4. ロールズの正義論の魅力

ロールズの正義論は、異文化コミュニケーション教育での正義を考えていく際に、とても魅力的な方法を提示してくれていると考える。教育を通して、原初状態において理性的に選択することが出来るような理性を培うことで、そして、原初状態という場面で合理的に考えた場合、自分がそのような状態で生きていくことが苦痛であるような社会を想像できる人間を育てることで、正義を実現していく道を模索する。そうすれば、単に他者への同情心を厚くすることを言い続けたり、恵まれない不正を受ける他者の方を自分と同じ、または自分以上に思いやることを美化したりする必要もなければ、異なることを知れば理解が進み、比例的に必ず他者にも寛容になり、彼らが被っている不正にも敏感に反応する——知れば知るほど異質の他者性を認識するだけに終わる者がかな

りの確率でいるにもかかわらず——と教える必要もない。こうした美しき同情心や他者を思いやる振る舞いを良しとする気持ちも、他者についての多大な知識も、実際の利害対立があれば、すぐにでも相手への憎しみに取って代わる。対立の中で、その他者と一致する正義の社会を迷いもなく選択する人間を期待することは無理なのである。「敵」と「味方」という2項対立をいとも簡単に採用してしまう人間の本性を前提に、人間の願望に関する最低限の仮定——人間は自分にとって善となる社会を望んでいる程度にはエゴイストであるはずである——をもとに、その自分がどんなアイデンティティを持っているかわからない原初状態を考えてみることが出来る能力を養うことを教育で模索することの方がずっと理にかなっている。目指すのは、自分が人間らしくエゴイストであることは否定しないまま、原初状態で自分がどこに存在するかわからない時に、自分はどんな社会を望むかを想像できるだけの理性的なイマジネーションが可能な人間である。

　さらに教育者としての視点から考えるならば、私達自身が、原初状態でイマジネーションした時、自分が選ばないであろう社会があることに気がつく判断力が教育で培われるべきなのであることがわかる。自分とは縁がないように思われる、国のある他者にふりかかった恐ろしい出来事を聞いた時、原初状態において、自分がその他者という存在であれば、いかにそこに正義がないと感じるかをイマジネーションできる力が必要なのである。もし、自分がその人であるという可能性があれば、いかに自分は正義が公正に存在すると感じるかという仮定をして判断する力である。

　ロールズの正義論は、世界という次元でも有効であると土屋はいう。貧困に苦しむ国家に対する豊かな国の責任、エイズで苦しむ国家に対する他国の義務は、「無知のヴェール」をかけた原初状態では、どこの国も可能性として開かれているからである[注35]。ロールズの正義論では、こうして、入れ代わることは出来ない他者の苦難も、その立場に対して、自分の偶然性が開かれているという点で、自分の苦難となる可能性があるのである[注36]。そうした自分が持っている偶然性への恐れを十分持つがゆえに、理性的に判断して、異質な者への平等を求める人間として正義が選択できることになる。アメリカの9.11のテ

ロでの犠牲者にも、アフガニスタンの空爆の下にいた民衆にも、イラクの市民にも、パレスチナの子どもにも、イスラエルの兵士にも、ロンドンのテロで犠牲になった市民にも、さらには、ロンドンのテロ犯捜索過程で英国警察に間違って射殺されたブラジル人の青年にも、「なる」というように、自分の偶然性が開かれている時、どんな選択が正義になるのかを考えていくという過程が思考できればよいのである。

　ロールズは、さらに、正義が諸制度の第一次特性であるので、社会的取り決めは、それが著しく正義に反しているならば、効率に関係なく改善されなければならないとする[注37]。それゆえ、ロールズにとって、多数者の正義感覚（あるいは組織体としての市民）に訴えかける政治的行為としての「市民的不服従」は次の三つの条件が満たされている場合に正当化される[注38]。第一に、多数者への通常の政治的訴えかけが誠実になされているにもかかわらず、相当期間にわたって拒否され、第二に、通常は、正義の重要かつ明白な侵害に限定されるべきで、第三に同様の場合、つまり同程度の不正義に服している他のすべての人々にも同じ仕方で異議申し立てをされたとしても受容可能な結果がもたらされる、ということが守られる時である。アメリカの同時多発テロ後の、アフガニスタン空爆に反対を唱えたアメリカ人の「市民的不服従」は、知識人を除けば数としては少なかったのは明白である。わずかにデモで示された空爆反対の動きもあったが、こんな時に愛国心もなく国を分裂させるようなことを主張する者たちがいるからアメリカは不幸なのだといった見方が、公職者からも示唆される状況では、デモ参加者はアメリカ社会では肩身が狭いような立場におかれているかのように見えた。共同体が愛国的になった状態では、リベラリストの普遍的正義のルールを適用する者への寛容はそれまでより少なくなるのである。こうした市民的不服従が国内の平和を脅かしていると思われる時には、その責任は、不服従の人びとにではなく、そのような敵対を正当化する権威や権力濫用を行う人々にある[注39]、というロールズの言葉を思い出すような時期でもあった。もし必要であると見なせば、きちんとした社会的なルールに従って「市民的不服従」を出来る市民を育てることは、一つの共同体が他者にとって閉ざされた共同体になるという事実を少なからず示してきた歴史を見れ

ば、まさに必要なことなのかもしれないと考える。この点でも、ロールズの正義論は魅力的な示唆に富んでいる。

　生前、サイードは、不正に対する絶望から生まれるパレスチナの自爆テロとアメリカの同時多発テロとの違いを述べ、イスラエルの弾圧に口実を与えることになるだけで、死から何も生み出せないとして、自爆テロ自体には強く反対していた。その彼が主張していたのは、絶えず「正義」を掲げる必要である[注40]。「ネルソン・マンデラが彼の闘争について倦むことなく唱えつづけたように、パレスチナがこの時代の大きな道義的主張の一つであるという自覚が必要」なのであり、「正義を掲げてこそ、パレスチナ人は高い道徳的な位置を獲得・維持することができる」とサイードは語っていたのである[注41]。明らかに、ここで掲げられる「正義」とは、普遍的な定義のできる正義そのものや、共同体の共通善のような正義でもなければ、特殊なたった一つの特定の情況での正義を意味しているのではない。「われわれ」にとっても「かれら」にとっても最重要であるという意味での「正義」を掲げることで、正義実現の可能性を求めるパレスチナの思いが他者に理解されうるのだと言っているのである[注42]。こうした正義に至る方法について考えること自体も、異文化コミュニケーション教育が教えていかなければいけないことである。「われわれ」に感じられた不正は、「かれら」に向けられた不正と同じ痛みを引き起こしていることを理解できる力を養う努力が出来る人々が増えていく時、「われわれ」と「かれら」両方に納得できる正義の実現の可能性は増えるのである。「われわれ」の正義の実現のために、「かれら」が不正だという強い感覚を持つのであるのなら、その不正であるという感覚からくる苦痛を許している社会は、どんな状況であれ、「われわれ」にも平和を約束しないという事実を地道に教え続けることは、少なくとも今よりは正義の存在する世界を約束するであろう。そして、何よりも、平和な世界に少しでも近づくために私達が理解することが望まれているのは、ロールズが言うように「ある人々の自由（freedom）の喪失が、他の人々に今まで以上の善を分け与えることを理由に、正しいとされることを、正義は認めない。少数に強いられた犠牲が、多数に享受される以前より多くの有利性（advantage）の合計によって償いをうけるということを、正義

は許さない」[注43]という正義の役割そのものなのである。

## 5. 「動く城」の住人の「正義」

　宮崎駿監督の『ハウルの動く城』が公開された時、映画を見る前に読んだ映画批評に、原作 *Howl's Moving Castle* [注44]（『魔法使いハウルと火の悪魔』）と比べると映画では二つの要素が大きく異なっていて、一つは、主人公ソフィーの家族関係についての扱いがほとんどなくなっていること、もう一つは、ほとんど反戦映画といってもよいほど戦争の要素が強くされていることである、と書かれていた[注45]。元来、原作からインスピレーションを得た映画が、その映像メディアという性質上からも、製作者のその時点における思想からも、原作とすっかり変わってしまうことは珍しいことではない。実際、アメリカ公開時に、ニューズウィークのインタビューに答えて、宮崎自身も、イラクに対する戦争に対して反対であったことをはっきり言い、それが『ハウルの動く城』に深い影響を与えたと語っているから、映画で戦争の要素が増えたのは、明らかに時事的な出来事に影響された結果である[注46]。この項では、原作から残された箇所も読みながら、映画が伝えたことを考察してみたい。
　実際に劇場で映画を見ると、映画のためにあらたに原作から構築されたストーリーにおいては、少なくされた既成の家族の扱いと増やされた戦争の扱いという二つの要素がお互いに必要不可欠だった、つまり、この二つの変化は車の両輪のように両方で初めて機能するものとして映画に表象されているのだ、と強く感じた。既成の家族という血縁、そしてその家族が定住している血縁・地縁としての共同体としての国という概念に人々が縛られない時こそ、いつも共同体を守るために存在する戦争が避けられることを示唆できるからである。元々原作者も、「動く城の話を」と一人の少年が言った、その「城」が「動く」という意外性に、インスピレーションを得て、物語を書いたといわれている。びくとも動かないでそびえ立つ堅守を誇る城が既成の共同体のシンボルであり続けた歴史の中で、その「城」が「動く」とは普通は誰も考えないわけで、「動

く城」という言葉が持つ矛盾性ともいうべきものに大人ははっとさせられるのであろう。どんな状況でも「動く城」は、国という共同体のシンボルには有り得ない。すでに、「城」でありながら、「動く」時点で、従来の「城」に内在する意味を放棄しているのである。

　さらに、ハウルの城は、動くことに加えて、城の扉から通ずる場所も複数以上あり、扉のノブを回すことによって自由に選べる。小説では以下のように書かれている。

There was a square wooden knob above the door, set into the lintel, with a dab of paint on each of its four sides. At that moment there was a green blob on the side that was at the bottom, but Howel turned the knob round so that it had a red blob down ward before he opened the door. (pp.59-60)
(扉の上の横木に組み込まれた四角い木製のノブがありました。四つの面のそれぞれにペンキが塗ってあります。その時、緑の面が下になっていました。しかしハウルはノブを回し、赤い面を下にして扉を開けました。)

　もし国という共同体のシンボルの一つとして存在してきた城が、「ハウルの動く城」のように、自由に動き回ることに加え、その扉を開ける度に、違う場所へ導く城であれば、人々は帰属するべきたった一つの共同体、守るべき共同体といった幻想に惑わされることもないのである。死を賭しても守るべき共同体の幻想から抜け出せないで、戦争や闘争を続ける世界の現状の中で、「ハウルの動く城」に乗ることができたらと思う人々は多いであろう。その城に乗っている限り、「われわれ」の国を守る、という言葉の元に、多くの若者が選択肢はないと思い込んで戦場に向かい帰って来なかった、その歴史の繰り返しから自由になる。映画で、ハウルの城に来た国王からの使者が言う。「国王陛下からの招請状です。いよいよ戦争ですぞ。」「魔法使いも呪い師も　魔女ですらみな国家に協力せよとの思し召しです。」「必ず出頭するように。」──国の名のもとにみな協力せよ・いやすべきだ、と人々に責任と義務を課して、始めて戦争は遂行される。ソフィーは、ハウルに戦うのを止めさせようと、戦火につつまれた自分の故郷の町に留まる城を動かそうとし、城は半崩壊する。そこの住

人を守るために戦うことを余儀なくさせるような存在の「城」であってはならないのだ。だからハウルの城を動かす理由をソフィーはこう言うだけでいい。「私たちがここにいる限り、ハウルは戦うわ」。

　上記の言葉に対して、コミュニタリアンであればすぐにこう批判するであろう。ソフィーの言葉は、自己の自由な利害にのみに生きる者の無責任な発言で、現実の世界では、故郷の町が炎につつまれているにも関わらず、城を動かして去ってしまおうとする彼女のような人間は、共同体の期待する健全なアイデンティティの持ち主ではないのだろうと。それでは、コミュニタリアンが言うように、共同体の善を優先して考えない時、私たちはその共同体にとっての善を共有することから得るであろう健全で責任あるアイデンティティを持つことも出来ず、さらには、正義のために共同参加していくような人間関係も存在しないのだろうか。そして、無責任な個々の人間が集まっただけで、正義のために個人が結びついていく、そんな意味ある正義の生まれる余地がない、ただ個人の自由だけをそれぞれが勝手に追い求めるような結果をもたらすのだろうか。『ハウルの動く城』ではそれに対しても答えを用意している。

　城には、帰属する場がない者ばかりが集まってくる。90歳の老婆への突然の変身であるために黙って家を出てきて、血縁がいないのと同じ状態にあるソフィー、同じく身寄りがないという点で全く頼るべき血縁関係のない、ハウルの弟子となっているマルクル、王子からカブに変えられたため呪いが解ける日まで王宮を出ているカブ頭、そして魔女、魔法使い、それも特に国に仕えることをしていないゆえに危険な力を持ったとみなされる魔法の使い手達で、一人は、魔力をなくし無力化した後、城で世話をしてもらう「荒地の魔女」、もう一人は、優れた魔力を持ちながら、王室を出て帰属するところはなく、複数の名前を使いわけて、様々な場に出現する、城の持ち主であるハウル自身——この5人に共通なことは、普通の社会が異人として排除しやすい者であるという、その否定できない異人性である。

　こうした異人は、本来「実体概念」ではなく「関係概念」であると赤坂が書いている。「＜異人＞表象＝産出の場にあらわれるものは、実体としての＜異人＞ではなく、関係としての＜異人＞、さらにいって＜異人＞としての関係で

ある。ある種の社会的な関係の軋み、もしくはそこに生じる影が＜異人＞である、といってもよい[注47]」。社会制度は眼に見えないが、その社会のコードを共有する者だけを構成員とする一方、異和性を持つものを摘出して、周縁に置く。異人は内集団イコール我々に対して、否定的アイデンティティを表象する、「存在的に異質かつ奇異なもの」となる[注48]。「彼ら」を意識する時、「われわれ」は「我々」としての仲間意識のうちに結束する。本当は「われわれ」も相互間で理解し合っていないのだが、そうした相互間の不理解という異和的なずれは「彼ら」という第3項の出現によって「仲間意識」の内に解消されてしまい、問題にされなくなる。そして、日常生活の現実には存在するが、中心になり得ないゆえに境界に位置付けられている「異人」がおり、それは内部の「異和的」部分の投射であるゆえ、排除のメカニズムを受け周辺に追いやられているのである[注49]。その排除の構造といえるメカニズムには例外がないと赤坂は言い切る[注50]。

　しかし、共同体から望ましくない人間像として排除の対象となる異人の場としての「ハウルの動く城」は、単なるアジールというだけで終わらない。こうして周縁に追いやられたものを受け入れる場所は、迎え入れる者の取捨選択をしない極めてオープンな場で、来る者を全て住人として受け入れる。原作でも、マルクルはハウルの城にのみ居場所を見つけたことをソフィーに語る。

"My mother died and my father got drowned in a storm," Michael said. "And nobody wants you when that happens. I had to leave our house because I couldn't pay rent, and I tried to live in the streets, but people kept turning me off doorsteps and out of boats until the only place I could think of to go was somewhere everyone was too scared of to interfere with. Howl had just started up in a small way as Sorcerer Jenkin then. But everyone said his house had devils in it, so I slept on his doorstep for a couple of nights until Howl opened the door one morning on his way to buy bread and I fell inside. So he said I could wait indoors while he got something to eat. I went in, and there was Calcifer, and I started talking to him because I'd never met a demon before." (p.131)
(「母さんは死んで、父さんも嵐で溺れ死んだのです。」とマイケルは言った。「そして誰もそれが起きた時に僕を置いてくれませんでした。家賃も払えず家を追い出され、通りで暮

らそうとしたのですが、人々が僕を軒先からも船からも追いやってしまうので、僕が行けると思えるところは、みんなが怖がって干渉することができない場所だけでした。ハウルさんは、魔術師ジェンキンソンとしてささやかに開業したところでした。しかし彼の家には悪魔がいるってみんな言っていたのです。だから、その軒先で数日寝ました。ハウルさんがある朝パンを買いにいくために戸を開けて、僕は中に転げこみました。そうしたら、彼は、食べるものを買ってくるから中にいなさいと言ってくれたのです。中にはいったら、カルシファーがいて、彼に話しかけました。だって前に悪魔に会ったことがなかったのですから。)

　映画では、ソフィーに老婆となる呪いをかけ、ハウルを長く苦しめてきた「荒地の魔女」でさえ簡単に受け入れてしまうのである。そのため、それまでに起きたことだけで言えば対立してもおかしくない関係の者達が混在するのだが、それにも関わらず、擬似家族を形成していき、まさに積極的人間関係生成の場となる。映画で何度も「家族」という言葉が意図的に使われる。「わが家族はややこしい者ばかりだな」とハウルは言う。本来のソフィーの家族であった継母の方は、国に命令されて嫌々であるとはいえスパイとしてソフィーのところに来て、密かに「のぞき虫」を置いていくことさえするが、一方、その直後に、この擬似家族のマルクルの方は、ソフィーに抱きつき「僕ら、家族?」と聞く。「そう家族よ」と答えるソフィーに「良かった!!」と叫ぶ。

　映画でこの城に住む残り二人は、意思を持って城に来て住んでいる点について、ソフィー達とは異なる点がある。契約のため城の暖炉に住むしかないと悪態を吐き続ける悪魔カルシファーと、キングズベリーの王室付きの魔法使いから指令を受けた使い犬ヒンである。前者は契約のため嫌々城にいるのだと言い続け、後者は、王室付きの魔法使いサリバンのスパイとして魔法使いに遣わされているという設定である。カルシファーもヒンも、元々帰属していたはずの場に存在していないという点では、他のみんなと同じ「異人」であるが、経緯だけみれば、城に仕方なく存在する者達である。しかし、ヒンは、帰属していた王宮に一度も戻りたがることなくソフィーにすぐになつき城になじむ。カルシファーも契約が破られなければ立ち去れないために悪態をついていただけで、自分がなぜそこにいるようになったかは理解している。小説でも同じよう

に存在し、共通点の多いままのカルシファーの言葉からそれをとってみよう。流れ星で落ちて死ぬ運命だったカルシファーに何が本当に起こったかについて、彼自身がソフィーに語る。

> "Five years ago," said Calcifer, "out on Porthaven Marshes, just after he set up as Jenkin the Sorcerer. He chased me in seven-league boots. I was terrified of him. I was terrified anyway, because when you fall you know you're going to die. I'd have done anything rather than die. When Howl offered to keep me alive the way human stay alive, I suggested a contract on the spot. Neither of us knew what we were getting into. I was grateful, and Howl only offered because he was sorry for me."
> (p.247)

(「5年前のことなんだ。」とカルシファーは言った。「ポートヘイブンの湿原で、ハウルが丁度魔術師として開業したばかりさ。彼は、7リーグの靴で僕を追いかけて、僕は怖かったんだ。どっちにしても怖かったんだけどね。だって、落ちた時点で死ぬわけだから。死ぬ位なら、何だってしたな。だからハウルが人間が生きていられるようなやり方で、僕を生かしてあげようかって言ってくれた時、すぐに契約を結んだんだ。二人ともどういうことになってしまうのかわかっていなかったんだ。僕は感謝したよ。だって、僕を可哀想だと思って彼はしてくれたんだからね。」)

一旦結ばれた契約のために、ハウルの心臓を自分の中に抱えて、カルシファーは城を離れることはできない。ハウルにもカルシファーにもそれは変えられない。誰かが教えられないで契約の内容を見破ってくれない限りは変更不可能なのである。その自由の無さが、カルシファーには苦痛である。そして、ついに一人で理解することができたソフィーに解き放たれることになる。カルシファーにとっても、ハウルにとっても危険を伴う決断である一方、ハウルを本当に救うためには必要な行動でもある。小説と映画が一番一致している箇所の一つである。

"Calcifer," Sophie said, "I shall have to break your contract. Will it kill you?" "It would if anyone else broke it," Calcifer said hoarsely. "That's why I asked you to do it. I could tell you could talk life into things. Look what you did for the scarecrow and the skull." "Then have another thousand years!" Sophie said, and willed very hard

9章 共同体──共同体と求められる「ヒーロー」── 147

as she said it, in case just talking was not enough. This had been worrying her very much. She took hold of Calcifer and carefully nipped him off the black lump, just as she would nip a dead bud off a stalk. Calcifer whirled loose and hovered by her shoulder as a blue teardrop. (p.324)
(「カルシファー」ソフィーは言いました。「私、あなた達の契約を破らなければならないの。そうしたら、あなたは死んでしまうの?」「もし、他の誰かがしたらね。死ぬね。」カルシファーはしゃがれ声で言った。「だからソフィーに頼んだんだ。君なら、物に命をふきこめるからね。かかしや頭蓋骨にしたことを見ろよ。」「じゃあ、千年あなたが生きることができますように。」ソフィーはそう言って、口に出すだけでは不安で、心でも強く願ったのです。ずっと心配だったことだからです。カルシファーをつかみ、黒い塊を彼から注意深く取りだそうとしました。丁度、茎から枯れたつぼみを取りだすようにです。カルシファーは、ぐたっと回って、青い涙の一滴のようになって彼女の肩にぶらさがりました。)

危険な行為であったが、それは報われる。カルシファーは命を失うことなく自由となる。その喜びは大きい。

"I feel so light!" he said. Then it dawned on him what had happened. "I'm free!" he shouted. He whirled to the chimney and plunged up it, out of sight, "I'm free!" Sophie heard him shout overhead faintly as he came out through the chimney pot of the hat shop. (p.324)
(「わあ、すごく軽いよ。」と彼は言いました。それから、何が起きたかわかってきたのです。「僕、自由だ。」彼は煙突につっこみ、あがっていって姿を消しました。「僕、自由だ。」ソフィーには、帽子店の煙突から飛び出して行く時、彼が叫んでいるのが、かすかに聞こえました。)

しかし、小説でも、映画でも、自由となり一旦出ていったはずのカルシファーは戻ってくる。映画ではこう言う。「オイラみんなといたいんだ。」「雨も降りそうだしさ…。」契約から解放され自由になって出ていった彼の言葉を、原作から少し補ってみたい。「戻ってくることはなかったのに」と言われたカルシファーはこう言う。

"I don't mind, as long as I can come and go," Calcifer said. "Besides, it's raining out there in Market Chipping." (p.329)

(「自由に行き来さえできるなら、構わないんだ。」とカルシファーは言った。「それに、今雨が降っているしね。」)

「自由に行き来さえできるなら、構わないんだ。」帰属するべき場を最初から決め付けられることなく、私たちが選べるなら、私たちはどんなに多くの無駄な争いや葛藤から自由になれることだろう。こうして、最終的には、ヒンとカルシファーも自ら選択してハウルの城に留まる事実が、そこが帰属する共同体からはみ出た者の悲しい吹き溜まりではなく、希望をもたらす場であることを示している。

　映画では、そして、この共同体からは期待されない人間像である異人達は、共同体の規範としての共通善からは自由で、それぞれの立場で他者のことを考えて自分の正義を選択して行動する。本当は臆病で、自分が自由に生きるために「動く城」にいたはずなのに、ソフィーを守るためには、戦火に出ていくハウル（「なぜ…？僕はもう十分逃げた。ようやく守らなければならない者ができたんだ…。」）、自分の方が幼く小さいのに甲斐甲斐しく回りを気遣ってみせるマルクル（「おばあちゃん大丈夫だよ。僕がついてるからね。」、自分自身の死の危険があるのにソフィーを勇気付けて、ハウルを救うための行動をさせるカルシファー（「心臓をハウルに返したら　あなたは死んじゃうの？」「ソフィーなら平気だよ　たぶん。」「オイラに水をかけても　オイラもハウルも死ななかったから…。」「やってみるね。」）、生きた心臓に対する魔女の本能ともいえる執念を捨て最後はソフィーに手渡した「荒地の魔女」（「そんなに欲しいのかい？」「仕方ないねえ。」「大事にするんだよ。」「ホラ…。」）、自分の体を支えにして城の墜落をとめ全員を助けようとしたカブ、魔物と化しつつあるハウルのところにソフィーを導いて連れていくヒン、そして自分に害した・するかもしれない者も含めて、誰よりも他者の受容を示し、最後はハウルの魔王化を止めるソフィー、それぞれが、共同体が共通の善としての正義の遂行を望むからではなく、自己の解釈に基づいて、まさに井上[注51]が書いたような、自己の自由を他者の自由によって試練にかけて最終的に、その正義を遂行するのである。個人の自由な無限追求や耽溺ではなく、他者の受容を持って、むしろ正義とい

う試練によって鍛えられる自由として存在する正義を示してみせるのである。

　極めて多様で異質な者たちが、自己の選択において正義を実現し、その結果として個々の善き生が実現し、その正義の行使において、いつのまにか擬似家族化しうる「ハウルの動く城」の住人におけるような関係を他者との間に築くことができるのであれば、コミュニタリアンが前提として存在するのだと主張する血縁・地縁からなる共同体だけが、唯一個人に安定したアイデンティティを生成し肯定的な人間関係をもたらすものとして機能するわけではないのであり、共同体の共通の善き生を実現する正義だけが個人の善き生を保証するものでもなく、共同体の象徴としての大地にそびえたつ堅固な「城」は必要ないことになる。結局、帰属する場を持てない者のように見える異人たちも、実は、共同体にとっての望ましい人間である必要から自由に存在できる、自分の帰属さえ選択できるという自由を持って住んでいるのであり、他者の受容を持って、正義を試練にかけてそれぞれ個人が遂行することにおいて、擬似家族としての人間関係を築き、私たちにもっと約束をもたらすような、まさにバタイユ的な「共同体なき共同体」[注52]を形成しているのである。

　これは、ブランショの言う「明かしえぬ共同体」でもある。そこでのコミュニケーションは、「言葉を介しての通い合いでもなければ、思想の相互理解でも心情の同調でもなく、言われたことよりも言うという行為そのもののうちに表明される何ものか、おのれを投げ出すことの中でわれ知らず果たされるいっさいの幻想を離脱した触れ合いであり、だからこそこの共同体は、＜共同体をもたない人びとの共同体＞、そして、それを生きた人びとがそれについて語る機能すらもちえない＜明かしえぬ共同体＞と呼ばれるのである。[注53]」また、デリダの言うところの「来たるべき共同体」でもあり、共通の思想でお互いが繋がれるということがないという意味では「弱い共同体」だが、同時に、強さを必要とする[注54]。「見知らぬ者を歓迎しつつも或る種の共同体の意味を維持することであり、他者をくつろがせる一方で、自分は家の主人であり続けること」が出来、「なんらかの統合への集合することを禁じられた共同体」という「不可能なものの可能性を経験し試みる」のであるから。『ハウルの動く城』における二つの城──ハウルの城とキングズベリーの王宮──での対照的ともい

える歓待も、デリダの共同体の「歓待性」の説明を使えば納得できるだろう。小説での王宮も、その点は同じである。

Sophie was feeling decidedly queer again when they reached the Palace. Its many golden domes dazzled her. The way to the front entrance was up a huge flight of steps, with a soldier in scarlet standing guard every six steps. The poor boys must have been near fainting in the heat, Sophie thought as she puffed her way dizzily up past them. At the top of the steps were archways, halls, corridors, lobbies, one after another. Sophie lost count of how many. At every archway a splendidly dressed person wearing white gloves—still somehow white in spite of the heat—inquired their business and then led them on to the next personage in the next archway. (p.185)

(王宮に着くと再び、ソフィーはひどく気分が悪くなりました。多くの金色のドームが彼女の目をくらくらとさせました。正面の玄関に向かう方向には、大階段がありました。6段毎に真紅の服を着た兵士が立っています。可哀相な兵隊さん達は、暑さで気絶しそうに違いないわ。ソフィーは彼等の側をふらふらになって息を切らして通りながら思いました。階段の上まで来ると、アーチ通路、広間、廊下、ロビー、が次々に続きます。ソフィーは一体いくつそれらがあるのかもわからなくなりました。どのアーチ通路の下にも、この暑い中でもなぜだか白い手袋をはめた素晴らしく着飾った人が立っています。訪れた者に用件を聞いては、次のアーチ通路に立っている者に引き継ぐのです。)

ハウルの城では、そこを訪れる者は「くつろいでください」の言葉を言われることなく、ただそこにいるべき者としてくつろぐことができるのである。小説で、ソフィーがそれにはっと気づく瞬間がある。

"No, no!" she said. "Howl has been very kind to me." And this was true, Sophie realized. Howl showed his kindness rather strangely, but, considering all Sophie had done to annoy him, he had been very good to her indeed. (p.293)

(「違う、違うの。」と彼女は言いました。「ハウルはずっととても親切だったわ。」そして、これは本当なのでした。ソフィーはわかったのです。ハウルはかなり奇妙な形ではありますが、彼の親切をずっと示してくれていたことに。彼を悩ませたソフィーの全ての行動を思えば、彼は彼女にとてもよくしてくれていたのでした。)

映画では、ハウルの城と対照性を示す王宮のおかしさを、その場でソフィーに口にさせる。キングズベリーの王宮は、招かれたはずのソフィーや「荒地の魔女」に、延々と無意味なまでに長く続く階段を上ることを要求し、ついに上りきったソフィーにこう言わせるのである。ソフィー：「それより、あの人（「荒地の魔女」）を助けてあげなさいよ。」兵士：「お手をお貸しすることは禁じられております。」ソフィー：「なによ。来いって言ったのは王様じゃない。」その後、疲れ果てた「荒地の魔女」は、彼女は椅子に座り込み、そのまま無力化させられる。ソフィーは言う。「ハウルがなぜここへ来たがらないのかわかりました。」「ここは変です。招いておきながら年寄りに階段を上らせたり、変な部屋に連れこんだり　まるで罠だわ。」既存の共同体は、本質的には、「『われわれ』が『他者』に対して講じる防御」に基づいており、従って「歓待性」ではなく「非歓待性」の観念に基づいて築かれており(注55)、ソフィーは、まさに、そうした共同体であるキングズベリーの王宮の本質を指摘したのである。一方、「歓待性は、もし歓待性そのようなものがあれば、歓待性を超えている」(注56)ゆえに、ハウルの城での「歓待性」を見る時、私たちは強い羨望ともつかぬ感銘で胸をしめつけられるのであろう。「来るべきもの」であって、自分達には未だ経験できていない歓待性をそこに見るのだから。そして、その城は、「城」に囚われているために避けられない「われわれ」と「かれら」の間の暴力の連鎖が毎日のように報道される世界に住む者たちにとっては、本来の「城」という言葉からイメージされる血縁・地縁としての共同体を守るための戦争からは一番遠く離れて存在することを人々に可能にしているがゆえに、さらにいっそう憧憬せずにはいられない城なのである。

## 6.　異文化コミュニケーションにおける「正義」

私たちの正義は、血縁や地縁で帰属が固定された共同体の共通善としてではなく、集団への帰属が選べることを想像しうる自由な存在としての個々の人間の選択として決められる——これが、今の時点で考えうる「異文化コミュニ

ケーション教育」で教えるべきであると考える正義のあり方である。個人の存在の前に共同体の存在がある、個人の自由を無限に追求する我儘につながる、といったコミュニタリアンの批判を考慮してもなおかつ、他者を受容し、原初状態を想像し、今存在している他者になることへの可能性に開かれている独立した個々の人間が、努力して維持しようとする正義、その正義でつながっていく「共同体なき共同体」というものを考える方が、はるかに平和な世界を約束するのは確かだからである。そして「正義」ということを異文化コミュニケーション教育で学生と一緒に考える時、学生たちが、共同体の共通善としての正義を掲げた戦いで、守るべき共同体のシンボルと化した城砦の守り手としての自分ではなく、城の扉の向こうには世界のどこにでも開き得る、「われわれ」と「かれら」の境界が存在しない浮遊する「ハウルの動く城」に乗っている自分を想像してくれれば、と願わずにはいられない。少なくとも、そこからは「われわれ」と「かれら」の正義ではなく、「われわれ」にとっても「かれら」にとっても最重要であるという意味で高く掲げるのにふさわしい、別の「正義」を見つけることができる可能性があるからである。映画で描かれた戦争は小説には存在しないが、ハウルやソフィーの性質や、彼等の人間関係は変わっていないと言ってもよい。小説で、ハウルについてソフィーに教えた時、マルクルが言ったことが、ハウルの共同体への一貫した姿勢なのである。

"He hates being pinned down to anything." (p.61)
(「彼は、何かに縛り付けられるのが嫌なんだ。」)

ハウルは、共同体に固執しないヒーローなのである。だから、彼にははっきり分かる。映画で、花畑の上空を進んでいく軍艦を見て、ハウル：「こんな所を通るなんて。」ソフィー：「軍艦…。」ハウル：「町や人を焼きに行くのさ。」ソフィー：「敵？味方？」ハウル：「どちらでも同じことさ。」――「われわれ」と「かれら」の正義に囚われない時、どの地に降りかかる戦火も「どちらでも同じ」、ただ人類への愚行となることがである。

## 10章　赦　　し
――出来事への赦しに到達したヒーロー――

### 1.　出来事の後

　アリストテレスがよい人生の活動としてのエウダイモニアの予備知識を与えるに至った思想過程を調べると、それが一般に広く認められている通説に従っているのがわかるという[注1]。その一つが、以下のように書いてある。「人生の価値の大部分は、個々人の意志の力によって創り出すことができるものと考える。生涯における多くの出来事は、よきにつけ悪しきにつけ、自分自身の力ではどうしようもないものだが、人は自分自身の行動は大概、自分自身で選択することができる。したがって、不可抗力の災難は除外するとして、エウダイモニアが人間の力で達成できるものならば、それは主として人間の行動に依存するはずである。[注2]」出来事はどうしようもないが、自分自身の行動は選択できるということを私達は頭では十分理解できるのである。しかし、それでもなおかつ、出来事によって支配されたかのように自分の行動を感じ、またそのように言い訳してしまう時があるのはなぜなのか。出来事の後の人生は、なぜ不当に変えられたと感じることが多いのか、という疑問が湧いてくる。
　この疑問に答えるために、「偶然という性質を帯びた出来事が、小説には必ず存在する。」そんな明白すぎることを提示してから、この章を始めてみたい。「出来事が、異なる選択肢を与える。」これも否定の余地はないであろう。「出来事が、人生を変える。」ここで初めて、小説を読むことを少なからず愛してきた人々は、数々の読んできた小説の愛すべき登場人物を思い出しながら首を傾げるだろう。いや、出来事が人生を変えるのではない。彼等に与えられる人生の選択肢は変わる。しかし出来事そのものが人生を変えるのではないのだ、

なぜなら出来事に、彼が、彼女が、どう応答するかで人生が変わるのだから、そして、それが私達にも言えるのだから、とつぶやくのではないだろうか。そして、どんなに過酷で厳しい出来事であっても、そのために与えられる選択肢そのものは激変したとしても、生き方自体を選ぶのはその人であると。そのはずなのであると。もしそうではないと感じるのなら、私達は出来事を一体全体どう生きるというのだろうか。

## 2. 出来事の後──「生きる」

　一冊の小説から、人類の最悪の異文化コミュニケーションの形態である戦争という出来事に直面した二人の人物を提示してみよう。*Snow Falling on Cedars*[注3]（『殺人容疑』）のハツエとイシュマエルである。第２次世界大戦前のアメリカで、白人のイシュマエルと日系人であるハツエが幼い時から密かに育んでいた恋人関係は、荒涼とした砂漠の日系人収容所から書かれた別れを告げるハツエの手紙で終わりとなる。戦争という出来事と、それに続いた日系人としてのハツエと家族の体験の中では、自分が取るべきだと思われる道はイシュマエルと一緒のものではないのだと考えるしかなかったことを、ハツエのその手紙は真摯に書きつらねたものであった。戦争という出来事が、物理的にも精神的にも二人の距離を作ってしまった。そしてハツエの選択肢が変わった。しかし、ハツエは、そうした出来事の後で、日系人としての自分は今となってはイシュマエルとは生きていくという選択は選べないと考えた、あくまでも自らの内面からくる判断として、イシュマエルとの別れを選択する。彼女の手紙では、「自分はイシュマエルを愛していたが、同時にイシュマエルを愛していなかったのだ」という表現でそれが表される。

> I don't love you, Ishmael. I can think of no more honest way to say it. From the very beginning, when we were little children, it seemed to me something was wrong. Whenever we were together I knew it. I felt it inside of me. I loved you and I didn't

love you at the very same moment. (pp. 353-354)
(私はあなたを愛していません、イシュマエル。こう言う以上に誠実な方法は、私には浮かびません。最初から、私たちが小さな子どもだった時から、何かが間違っているようには思えました。私たちが一緒の時にはいつも私にはわかっていたのです。私の中でそれを感じていたのです。あなたを愛していて、そして同時に、あなたを愛していなかったのです。)

戦争という出来事がなかったら、同じように愛し続けたであろう。感じていた違和感は気にされることなく、愛する人と生きるという人生の喜びの中で埋没していったであろう。しかし、出来事の後、日系人としての自分の経験の中で、それは明白になってしまったのである。彼なしの選択肢が存在することがわかった今、振り返って考えれば、どこかに彼といることに対する違和感、正しくなさ、というべき感情がすでにあったことにも気づく。だから「愛していた」同時に「愛していなかった」という事実が存在したのだと彼女はわかる。彼女は、自分の選択の理由を、そう説明するしかない。彼女がイシュマエルに対して誠実であろうとすればする程、この言葉以上に、出来事が彼女に気づかせてしまったことをイシュマエルに説明することは出来ないのである。そして、寛容で尊敬できる優れた人間としてのイシュマエルに、そのままの人間性を保って生きていくことを望み、手紙を終える。戦争という出来事がなければ、そのまさに素晴らしい人間であるイシュマエルと自分は共に歩んだであろう。その存在しなくなった選択肢に対しては、ハツエにも苦さがある。しかし、起きてしまった出来事をなかったものとして、自分の気づいた違和感の元になっていたアイデンティティに気づかないふりをして、そして、別の提示されてしまった選択肢にも気づかないふりをして生きることも、また彼女には不可能なのである。だから、ハツエは、出来事が強く認識させた、自分を形作っている重要な部分である日系人としてのアイデンティティが彼女にふさわしいと思わせる選択肢が、たとえ愛する人との別れを意味することになる辛いものであっても、それを選ぶことを決意するのである。起きてしまった出来事の後を、イシュマエルなしで生きていくことを選ぶのである。ハツエにとって、この「生きる」ということは、出来事を責めるのではなく、出来事で変わってし

まった選択肢を自分自身の選択として受け止めて選び、自身の本質自体はそこで変わらせることはないまま、選択した道で誠実に自分らしく人生を歩んでいくことなのである。だから、手紙の最後に彼女は記す。"I am going to move on with my life as best I can."(p.354)(「私も自分の人生を精一杯生きていきます。」)

　その後、収容所で、日系人としての同じような経験や夢を分かち合え、愛する家族の暖かい祝福も得ることができる日系青年とハツエは結婚する。戦争という出来事の前にイシュマエルを愛していたはずのハツエにとってのこの決断は、イシュマエルなしで生きることを選んだ後では、「生きる」という点で彼女には正しく思われるものであり、この選択に対してまさに彼女は誠実に生きていく。大多数の私たちにとって、出来事のため変更された選択肢は、当人にとっても往々にして不当で恨みがましいものであり、ゆえに私たちは、気づいたアイデンティティに正直に向き合って真っ直ぐに「生きる」ハツエの努力に心を打たれるのである。

## 3.　出来事の後——「生きる」ことを止める

　一方、イシュマエルが戦場でハツエからの別れの手紙を読み、ハツエを永遠に失ったとわかった後、彼の部隊は日本軍のいる島への上陸作戦を開始することになる。激しい戦闘が予想される。何か手紙を残すように言われて、イシュマエルはハツエに書き綴る。

　　He said that his numbness was a terrible thing, he didn't feel anything except that he looked forward to killing as many Japs as possible, he was angry at them and wanted their deaths-all of them, he wrote; he felt hatred. He explained to her the nature of his hatred and told her she was as responsible for it as anyone in the world. In fact, he hated her now. He didn't want to hate her, but since this was a last letter he felt bound to tell the truth as completely as he could—he hated her with everything in his heart, he wrote, and it felt good to him to write it in just that way. "I hate you

10章　赦し――出来事への赦しに到達したヒーロー――　　157

with all my heart," he wrote. "I hate you, Hatsue, I hate you always." (p.237)
（自分が無感覚であることは怖ろしいことだと書いた。出来るだけ多くの日本人野郎を殺すことを楽しみにしており、彼等の死を願っている以外には何も感じないと書いた。彼等に怒りを感じているし、皆死んでほしいと、そして憎しみを感じていると。そして自分の憎しみについて説明し、世界の誰よりもハツエにその責任があると書いた。実際、今は彼女を憎んでいると。そうなりたくはなかったけれど、最後の手紙なので、出来るだけ真実を書くと感じているのだと書いた。「君を心底憎んでいる。」と彼は書いた。「君を憎んでいる、ハツエ。君をこれからずっと憎む。」）

初めて記される憎悪の感情であるが、手紙を出す気があるわけではないのだ。そこまで書いて彼は便箋を破いて海に捨てる。もし続けて起こる出来事がなければ、いつか月日がそうした感情を消したかもしれない。しかし、そうはならなかった。それからすぐ起こる日本軍との激戦で多くの仲間が悲惨に死んでいくのを見、彼自身も右腕を失う。手術台で切り取られた腕を見ながら、彼は意識が薄れていく中で、再度憎しみの言葉を、今度は口に出す。

> Somebody else pricked him once again with morphine, and Ishmael told whoever it was that "the Japs are…the fucking Japs…" but he didn't quite know how to finish his words, he didn't quite know what he meant to utter, "that fucking goddamn Jap bitch" was all he could think to say. (p.251)
> （誰かが彼にまたモルヒネを打った。彼は誰ということもなく言った。「日本人野郎が、いまいましい日本人野郎が。」しかし、どのようにその言葉を終えるかもわからず、何を自分が意味しているかもよくわからなかった。「あのいまいましい日本人アマめ。」これが、彼が言える全てであった。）

戦後になって初めてイシュマエルがハツエに店で遭遇した時、彼は体調もすぐれず、残った腕の方には食料を握りしめているという不恰好さであり、一方、ハツエは赤子を背中におぶっているという皮肉なものであった。ハツエの得たものと比べ、イシュマエルにとって自分が失ったものは大きく思われる瞬間に、彼の口から思わず出たのは、失った腕について日本人を責める言葉であった。"The Japs did it." (p.332)（「日本人野郎がこれをしたんだ。」）彼はすぐその言葉を悔やみ謝罪する。しかし、ハツエはそのまま立ち去ってしま

う。再度の再会では、混乱状態で、自分が「生きる」ことができないでいることをハツエに伝えようとする。そして、ハツエに一度だけ抱擁してくれることを頼み拒絶される。戦争の後で自分らしさを失い、生きることをとめてしまったイシュマエルの苦しみも、イシュマエルが、ハツエ以上の重荷——戦場、別れを告げる手紙、失った腕——を出来事から背負ったこともハツエは理解している。しかし、出来事にハツエもまた苦しまなかったというわけではない。ただ、ハツエの方は、誠実に選択した道で生きようとしてきた。だからこそ、彼女は、イシュマエルの方は、出来事の後で自分らしさを失ったままで、本当の意味で生きようとしていないことが悲しい。しかし、生きることができないで混乱しているままのイシュマエルをそのまま腕に抱くという行為も彼女には出来ない。出来事の前のイシュマエルと共有した日々の記憶はハツエにも存在しているから、イシュマエルがそうである限り、ハツエもまた完全には出来事の後を生きることができないのである。このままのイシュマエルを動揺なく抱きとめることが出来る程には、ハツエもまた完全には生きてはいないのである。

"I'm not talking about love," he said. "I'm not asking you to try to love me. But just as one human being to another, just because I'm miserable and don't know where to turn, I just need to be in your arms." Hatsue sighed and turned her eyes from his. "Go away," she'd said. "I hurt for you, I honestly do, I feel terrible for your misery, but I'm not going to hold you, Ishmael. You're going to have to live without holding me. Now get up and leave me alone, please." (p.334)

(「愛についていっているんじゃないんだ。」と彼は言った。「愛してくれって頼んでいるんじゃない。ただ、人間として、僕は惨めでどうしていいのかわからないから、君の腕に抱いてほしいんだ。」ハツエはため息をつき、目をそむける。「行って。」と彼女は言った。「私はあなたの様子に胸を痛めてる。本当に。あなたが惨めなことがとてもつらい。でもあなたを抱くことはないわ。イシュマエル。あなたは私を抱くことなく生きなければならないの。だから立ちあがって、お願いだから私を一人にして。」)

その後、ハツエの夫が、白人の殺人罪で起訴され、それをイシュマエルは新聞記者として裁判で傍聴することになる。第二次世界大戦後10年近く経っても日系人への偏見は根強く、証拠不十分なままにも関わらず、ハツエの夫の有

罪判決がほぼ予想できる展開となっていく。裁判が公正さを欠いていることを新聞に書いて欲しいと言ったハツエとの会話の中に、イシュマエルは、不正が向けられたのは自分なのだと強く感じていることが示される。

"The whole thing is wrong, it's wrong." "I'm bothered, too, when things are unfair," Ishmael said to her. "But sometimes I wonder if unfairness isn't…part of things. I wonder if we should even expect fairness, if we should assume we have some sort of right to it. Or if─" (p.325)
(『全てのことが間違っているわ。間違っている。』「僕も物事が不正な時は気になるね。」とイシュマエルは彼女に言った。「でも時々思うんだ。不正って物事の一部じゃないかってね。もし僕たちが公平さを期待できるかって。何か権利のようなものを公正さに持っていると仮定していいものかってね。あるいは…。」)

戦争、去っていった恋人、失った腕、こうした自分になされた不正にも関わらず、自分がなぜ他者への不正のために、ましてハツエの夫への不正のために戦わなければならないのだ。今、イシュマエルは、ハツエに対して優位になったような気持ちさえしてくるのである。その中で、イシュマエルが、ハツエの夫の無実を証明することのできるメモを手にする唯一の人間となる。彼を不幸にしてきたと思われる戦争から始まる一連の出来事の後、彼はついに出来事の主導権をもった人間として選択肢を与えられたのである。まだ癒えないでいるイシュマエルの心の傷に関わりあるハツエやハツエの夫の運命を変えることができる選択肢を持ちえたのである。彼は提出することなく、その証拠を自分のポケットに持ち続ける。

## 4. 「生きる」──出来事の偶然性への赦し

　無実の証拠メモを持ちながら提出を迷わせたのが、彼の失った初恋であり、かつての恋人ハツエであり、彼自身の腕であり、それら全てに彼が感じている「彼になされた出来事の不正」への思いである。すべての失ったものは、戦争

がなければ彼に存在していたものなのであるのに、存在しないのはなぜなのか、彼がその思いからそれまで解放されることはなかった。しかし、ハツエが彼にあてた最後の別れの手紙を再度読みながら、イシュマエルはついに長い月日の後ではあるが、一つのことに気づく。

> He read the letter a second time, gravitating now toward its final words: "I wish you the very best, Ishmael. Your heart is large and you are gentle and kind, and I know you will do great things in this world, but now I must say good-bye to you. I am going to move on with my life as best I can, and I hope that you will too." But the war, his arm, the course of things—it had all made his heart much smaller. He had not moved on at all....He read her letter another time and understood that she had once admired him, there was something in him she was grateful for even if she could not love him. That was a part of himself he'd lost over the years, that was the part that was gone.
> (p.442)
> (彼は手紙をもう一度読んだ。そして最後の言葉に引き寄せられた。「あなたの人生に最善を祈っています。あなたの心は大きくて、優しくて思いやりがあるから、私はあなたがこの世で素晴らしいことを成し遂げるとわかります。でも、私はお別れを言うしかありません。私も自分の人生を精一杯生きていきます。あなたもそうしてください。」しかし、戦争が、腕が、出来事が、彼の心を小さなものにしてしまった。彼は全く生きていなかった。(中略)再度彼は手紙を読んで理解したのだった。彼女はかつて彼を尊敬していたのだ。そして、たとえ愛することはできなくなっても、それに対しては感謝していたのだ。それこそが、長い月日の間に彼が失ってしまった彼の一部なのだ。無くなってしまっていたことなのだ。)

そして、彼が真実を告げるメモを持って、ハツエの所を訪れた後、ハツエは彼に感謝し、言うのである。"Live"（p.446）(「生きて。」)「生きる」ことを始めたイシュマエルは、ついに理解したのである。それは、小説の最後にイシュマエル自身によってタイプ打ちされる。

> accident ruled every corner of the universe except the chambers of the human heart.
> (p.460)
> (「偶然が宇宙の全てを支配する。しかし人間の心の奥の小部屋だけはそうでないのだ。」)

## 10章　赦し——出来事への赦しに到達したヒーロー——

　出来事は偶然性に満ちている。もしあの時、あのような事が起こらなかったら、あの人がしなかったら、私たちは何度も反芻してそう思うことが人生に一度ならずあるのである。まして、それが、自分ではなぜ起こったのか、その理由さえ、始まりさえ個人に考えつくことができない国家や民族の争いにまきこまれたためであったらどうだろう。そして、その中で愛する人を失い、腕を失ったら、そして、出来事自体を後悔しようにも、自分が主体となってしたことでさえないとしたら、そして、それにも関わらず自分が主体となって行動していたはずの強い愛情の対象さえ、その出来事の中で失うとしたら、——イシュマエルに起こったことは、まさにこれなのである。しかし、最後に彼が行き着いたのが、出来事の残酷な偶然性に対しても保つことのできるものがある、それは自分の心の奥底にあり、そしてそれに気づく限り、出来事自体が自分の生き方を侵害することはできないのだから、彼は出来事に復讐することも怒りをぶつけることもいらない、という事実の認識であろう。偶然性に満ちた出来事や出来事に関わり自分を傷つけたように思える他者の行動を赦すことも、その時から可能になるのである。

　出来事で選択肢を変更させられ、その出来事の偶然性を赦せないまま生きる時、それは本来の「生きる」とは違っている。そして大多数の私たちが多かれ少なかれそうであるために、「生きる」ことを始めたイシュマエルは、この時点で十分ヒロイックなのであるが、彼のヒーロー性を強調しているのが、そうした出来事への彼の赦しは、彼が不正義と感じていた出来事への報復のチャンスと思われた選択肢を捨て、正義をまっとうしたことで得られたことであろう。この出来事への赦しは、報復という選択肢が与えられた中で、正義の方を取った時点で勝ち得た高みの境地であり、それゆえイシュマエルをヒーローにしている。愛し合っていたはずなのに、彼に別れを告げ、別の男性と結婚したハツエにも、そのハツエと結婚した男性にも、その二人の共通項でもあり、自分の腕を奪った敵であるものとしての「日本人」にも、すべて彼に生きることを不可能にさせていた不当なるものに報復するチャンスを与えたのが、彼だけが握った証拠のメモである。それを報復に使うのではなく、共有できる正義に生きようとする。そして、そこには、「戦争」という赦しえないものであった出

来事そのものへの赦しが見えるのである。

　小説と映画を見比べながら、この戦争に対する「赦し」についてさらに考えてみよう。全体的には、小説からの極めて忠実な映画化であり、小説の与える感動を、映画というメディアに凝縮し描くことができている作品である。小説のイシュマエルの最後の到達した境地を示すものとして、彼によってタイプ打ちされる言葉は、映画ではハツエの夫の弁護士がイシュマエルに言う言葉となり、その時にイシュマエルの偶然性である一連の出来事が映像のフラッシュバックで示される。幼い恋の始まり、抱擁、戦争、別離、戦場、別れの手紙、負傷――ハツエとの子ども時代の思い出の日々から始まる、この一連の出来事の映像によるフラッシュバックは、出来事とは、それが残酷な終焉を暗示するようなものであろうと、素晴らしい想い出をもたらすようなものであろうと、個々の人間にとって、避けることのできない偶然性に満ちたものであるということを雄弁に示している。それがいかに残酷な偶然性によるものであったとしても、その出来事の偶然性によって変更させられた選択肢において、それを当事者がどう受け止め、どのように生きていくかということに、その人の生き方が必ず示されるのである。その生き方だけは、出来事が影響させることができない自分の心の奥底が決定することであるのだから。自分のもっていた本来の寛容さを取り戻し、復讐心ではなく、赦しでもって、出来事を振り返る。そして、それがついにイシュマエルには可能となったのである。

　さらに、戦後の再会で、彼女に一度だけ抱擁してくれとイシュマエルが頼み、拒絶された後でも頼み続けるという小説の中の「抱擁」を、映画では最後に持ってきている。裁判で夫が無実を言い渡された後、ハツエはイシュマエルに駆け寄り、自分から抱擁するのである。ハツエの「生きる」こともここで完全となった瞬間である。共に選択した人生を誠実に生きていく人間として、イシュマエルの取り戻した優れた人間性――公正さ、寛大さに対して、そして「生きる」ことをまた始めてくれた彼への感謝を持って、「生きる」ことをかつて選んだ彼女も、今は彼を動揺することなく抱擁することができる。そして、その抱擁を受けるイシュマエルは、かつてのイシュマエル以上の人間となって、そこに存在している。映画の最後にかすかに微笑んだように見えるイシュマエル

10章　赦し——出来事への赦しに到達したヒーロー——　*163*

は、自分らしさ、自分の本来のアイデンティティを取り戻しただけでなく、出来事の前には到達していなかった高みさえみせている。一時は赦しえないものと彼には思えたものを赦すことで、彼自身のアイデンティティはより高みに変容したのである。

## 5.　赦しえないものとの遭遇

　不運にも、現在のこの世界において、このイシュマエルにとっての「赦しえないもの」であった偶然性に、多くの人々は遭遇し続けている。戦争、テロ、愛する者たちの理不尽な死。私たちはどう対応していくことができるのだろうか。例えば、その「赦しえないもの」でもある9.11同時多発テロの後の世界のあるべき対応について論じた大澤によると、「人道的介入」以外の他に二つの選択、「無条件の贈与」と「赦し」、が私たちにはあるという。「テロリストを最も困惑させること」は、軍事行動ではなく、テロリストを困らせることであり、テロリストにとっての「敵」が、テロリストの側から見ても「善」と映る、「正義」と映ることを行う——すなわち、テロリストに対して「喜捨＝贈与」をすることだと[注4]。彼の挙げた例は、9.11の同時多発テロの後で、例えば、世界で最も貧しい国で必要なものさえも事欠くアフガニスタンに、抗争するグループの別なく無条件に「贈与」する——という、勿論、実際はそうされなかったことである。こうした「贈与」によって、テロリストにとっての「敵」であるはずの者が、実際は「敵」でないことが他のイスラム教徒に証明されるということになり、これが長期的にはテロリストの孤立を深め、テロリストの存在自体の意味を無くしていくこととなったかもしれない。大澤は、この彼自身の提案に、これこそ意味がない、不可能だという反論は当然あるだろうと認めた上で、しかし、この「無条件の贈与」こそが、軍事行動よりは効果的なテロへの対策であると言う。
　そうした「無条件の贈与」を「彼ら」にし得る時、大澤がいう「赦し」にもなる[注5]。「赦しえないもの」として排除しようとしていた敵に対する「赦し」

の行為——「互いに『赦しえないもの』として排除していた相手に同一化すること」を行う時に、自分達も「変容しうる」者として向き合うことになる。どちらにも共通で認められる普遍的な正義や善は存在しない以上、「変容しうる」者という点に両者の共通性を見出すのである。「アイデンティティの根本的な変容を必然的に伴う」、その「赦し」の行為においてのみ、この共通項としての「変容しうる」という普遍性は存在する。アイディンティの変容と「赦し」について、大澤はこう説明する。

> もしわれわれが、赦しえないこと、とうてい赦すことが不可能なことを赦すとするならば、「われわれ」は必然的に変容する。このような赦しは、アイデンティティの根本的な変更を伴わないわけにはいかない。赦すことが不可能なことを赦すということは、われわれが、自分自身のアイデンティティを定義している最小限の規範——これが「赦しうること」の範囲を規定している——すらも、放棄することだからである。赦しえないことを赦すときには、私は自らの視点を離脱し、その「赦しえないこと」を不可能なこととして——ときには善や正義として——肯定していた他者の視点の内に参入しているのだ。(注6)

その「赦し」は、「罪のないアフガニスタンの人々への空爆をやめろ」という戦争反対のレトリックから引き出せる「罪のある者への空爆はかまわない」という含意への疑問にも繋がっている。なぜなら、罪のある者と、そうでない者との境界は曖昧で、相対的だからである。過去の戦争行為にも多く見られる論議——罪なき人を殺したのか、罪のある者を殺したのか——で明瞭である。だから

> 厳密に言えば、われわれは誰ひとりとして、無実ではない。逆に言えば、「無実」の人びとを救いたければ、われわれは、明白に罪を担っている人々も赦さなければならない。罪を償ったから赦すのではなく、罪人のままで赦さなくてはならないのだ。(注7)

これは、アイヒマン裁判におけるアレントの対応について高橋が書いていることを思い出させるものであろう。高橋は、アイヒマンの死刑判決を支持したアレントの論理には、彼女が「赦し」ではなく、「報復」に同意していることで、矛盾を感じていると言う。そして彼は、以下のような箇所を示す。

## 10章　赦し——出来事への赦しに到達したヒーロー——

「大きな犯罪は自然を害い、そのため地球全体が報復を叫ぶ。悪は自然の調和を乱し、罰のみがその調和を回復することができる。不正を蒙った集団が罪人を罰するのは道徳的秩序に対する義務である」（ヨサル・ロガト）という命題をわれわれは拒否し、そのような主張を野蛮とみなす。にもかかわらず私は、アイヒマンがそもそも裁判に附されたのはまさにこの長いあいだ忘れられていた命題にもとづいてであるということ、そしてこの命題こそ実は死刑を正当化する究極の理由であるということは否定できないと思う。(注8)

そしてまさに、ユダヤ民族および他のいくつかの国の国民たちとともにこの地球上に生きることを拒む——あたかも君と君の上官がこの世界に誰が住み誰が住んではならないかを決定する権利を持っているかのように——政治を君が支持し実行したからこそ、何人からも、すなわち人類に属する何ものからも、君とともにこの地球上に生きたいと願うことは期待し得ないとわれわれは思う。これが君が絞首されねばならぬ理由、しかもその唯一の理由である。(注9)

このように、「赦し」と「罰」を「復讐」に対立させたはずの彼女が、ここでは、「報復」としての「罰」に同意し、犯した罪を同じことを与える——すなわち「報復」を支持しているからである(注10)。「この世界に誰が住み誰が住んではならないかを決定する権利を持っているかのように——政治を君が支持し実行したからこそ」、アイヒマンは、同じように、「この世界に住むべきものでない」ものとして、死刑を言い渡されるべきであるというアレントに、高橋は、報復の論理を超えるような罰こそアレントは支持するべきだったと言う。

前節で高橋に引用された『イエルサレムのアイヒマン』の箇所の続きは、こうなっている。

或る種の＜人種＞を地球上から永遠に抹殺することを公然たる目的とする事業にまきこまれ、そのなかで中心的な役割を演じたから、彼は抹殺されねばならなかったのである。そして「正義は単におこなわれねばならないだけでなく、目に見える形でおこなわれねばならぬ」ということが真実であるならば、イエルサレムでおこなわれたことの正義は万人の目に見えるような形であらわれて来たであろう、もし判事におおよそ次のような言葉で被告に呼びかける勇気があったとすれば。(注11)

「正義は単におこなわれねばならないだけでなく、目に見える形でおこなわれねばならぬ」——というように正義の、速攻の目に見える形にこだわれば、報

復になる可能性の方が強い。正義は、そこに存在することが誰にも感じられる形で時をかけて求められればいいはずなのだ。田崎、崎山、細見の対談をまとめた本の中に「赦し」について語る箇所がある。「差し当たって切羽つまっているからこそ、赦しとか寛容という問題が同時にでてこなければいけない。[注12]」同時に、予期できない状態で起こる出来事の連続に、今差し迫った感を持つ者が多いからこそ、正義が問われているのだとも言う。彼等も、もちろん普遍的な正義の状態は存在しないことは認める。しかし、私達が、「あったこと、予想もつかずに起こったことに対して、不正を働かずに、むしろ、"正義"というものを実現することができるか[注13]」と絶えず問い掛ける必要があるとし、その正義とは、結局は、

> 「何が起こってもあなたに報復しません」ということです。万人がそれに同意するというか、誰か一人だけではなく、みんなが心の底から和解して「もう何があっても絶対報復しません」というふうになることが正義を実現するということでしょうね。[注14]

そして、そうした「正義」を、まず持つことの方が、「薄っぺらな正義だ」とあざ笑うことより大事なことであり、「赦し」もそこに存在すると言う。すなわち「報復する権利をみんなが放棄すること以外に正義の実現はない」ゆえに、私の側には、その可能性に対して「祈り」があり、他者には「赦し」がある[注15]。私達がまず個人として努力することは、「かれら」と「われら」で共有できる正義の実現に対する強い願いを保持し続けること、その願いゆえに、そうした正義の実現が可能でない時・場所で起きた不正に対しても報復するのではなく他者を赦すことが出来る人間であること、そして、報復より赦しを選ぶことで報復の繰り返しを止めることが出来る世界を実現しようとするために個々の出来事に強くコミットすることであろう。

## 6. 虚構世界と現実世界

テレビで9.11の同時多発テロについての特集番組を見ていたら、ビル崩壊

10章　赦し——出来事への赦しに到達したヒーロー——　*167*

で息子を失い、後にその息子の名前をイラク戦争の爆弾の一面一杯に大きく書いて落としてもらったというアメリカ人の父親が出てきた。その父親は、その爆弾の下にいるのは敵であり、彼の頼んだ行為は正当であるということを強い口調で言っていた。現在の世界で途切れることなく続いているのは、こうした報復の連鎖である。この事実を前に、小説のハツエやイシュマエルのように、出来事の偶然性を赦し「生きる」、さらには、イシュマエルのように、報復のチャンスを捨て正義に「生きる」、そして、「赦しえないもの」と思えたものの赦しを可能にするアイデンティティの高みに至る、という期待を言い続けるのは、何ともナイーブなことであると感じる瞬間があるのも事実である。2006年の夏、イスラエルのレバノン侵攻による死者は1000人を超えて、それでも停戦の見通しもないまま、空爆を受けた人々をテレビで見るだけの日が続いた。こうした人々の死は、テロ行為を続けるヒズボラ壊滅のためには軍事行動も止む無しとしたイスラエルによって始まった出来事の与えた不運であり、その爆弾の投下の場にいたことも、出来事の偶然性によるものである。レバノンだけではない。現在の私たちの住む世界では、毎日のように、まさに当たり前のように、そうした戦争という出来事の偶然性に生命を失った人々と、失った愛する人々を思い嘆く人々のニュースが報道されている。皮肉なことに、終戦記念日がある日本の夏、特に原爆投下のあった広島の夏は、戦争について私たちが忘れてはいけない記憶が、様々なメディアで語られる。にもかかわらず、毎日の暮らしで私が出会う周りの大多数の人々には、レバノンの戦場や泣き叫ぶ人々は、関心さえ呼んでいないことにも気づかされた。異文化コミュニケーションと小説とを結びつける時に、現実世界と虚構世界はお互いに補いあいながら学びになると信じ、このささやかな本を書き進めてきたが、こうした時だけは、そこまで無関心な人々に、例えば、小説を読んだ後に本当には何が残り、その意味が何なのだろうか、とつぶやかずにはいられない気持ちになることもある。出来事に、そして、そこに存在する死者も含めた他者に応答を始めない限り、レバノンの出来事は、小説の戦争以上に私達からはるかに遠いままなのであるから。例えば、小説で戦場を感じ、人々の痛みを感じ、出来事がいかに残酷に選択肢を変えるかを知り、そこで生きる努力をする人々に胸を打た

れ、さらには出来事の偶然性に対するヒーローの赦しへの到達に感動したとしても、同時期、同時代に現在進行形で存在する戦場があることに無関心である者もいるのではないかと思いもするし、それは実際否定できない事実なのであろう。

　しかし、そうしたことが虚構世界の与える学びへの可能性自体を否定するものではないのも、また事実である。むしろ、現実世界に私達が学ぶことを妨げるものが存在するからこそ、虚構世界が私達に必要とされる理由があると言えるのである。第一に、現実世界に存在する偏見の強さである。現実の戦争とその出来事の偶然性に生きる、または生きることを許されなかった人々を、文化の制約の中で自分との関係で考えることができない人々がどんな時でも多く存在する。或るグループの人々の災難は、当たり前のことのように思い込んだり、遠い場の遠い人々の困難を伝えるニュースは、まさに宇宙の彼方のことのような感覚で受け取ったりすることは、現実ではよくあることなのである。第二に、現実世界の真実は、その実態のまま伝わることの方がずっと少ないのである。これは報道と記憶の問題にも関わってくる。結局、現実の出来事は選択された形でしか伝えられず、また記憶に留められない。2006年の夏から秋にかけて、5年前の9月11日の同時爆破テロを扱った「実話」であるという大作映画の公開が日本でも続いた。『ユナイティッド93』と『ワールド・トレード・センター』である。前者は、テロ行為で墜落させられたとされる飛行機内での人々を、後者は、ビルの下敷きになりながら奇跡的に救出された2名の警官とその救助にあたった人々を描いたものである。このアメリカでは未曾有の悲惨な本土テロといわれた出来事は、今まで映画化など考えられない程センシティブで生々しすぎる出来事と考えられていたのだが、5年という月日がそれを可能にしたと言われる。それだけ映画の影響力が大きいことの証明でもある。映画化により、また世界の多くの人々の気持ちに、このテロ行為という出来事と人々の生き方が印象付けられ、大きな影響を与えていくのだろう。テロ行為について忘れないということ自体は確かに意味があろう。しかし同時に、複雑な思いも与える。まず前者の映画については、そこで描かれた出来事の有無さえ大いに論議されている。生存者のいない現実を「真実」として提示し、

10章　赦し——出来事への赦しに到達したヒーロー——

実は全くの虚構世界であるかもしれないというのは、出来事の不公平な扱いであろう。後者については、生存者が今も残り語っている。しかし、このヒーローの選択そのものが公平とはいえないのかもしれない。アメリカの9月11日は、こうして大きな世界中で公開されるハリウッド映画のスクリーンで記憶に留められ、語られ、人々に出来事と、そこで「生きる」ことをやめなかったヒーロー達を永遠のものとする。しかし、レバノンはどうなのだろう。この夏、爆撃の中で命を失った子どもたちは、その出来事による不当な死をいつか忘れられる、否、すでに同時期にでさえ、世界の多くの人の脳裏に浮かぶことはなく忘れられているのである。9.11をめぐるヒーローの選択にも同じような不当さがある。5年経って、ニューヨークで救助活動をした人々の間での健康被害が公になっている。その中で、警官や消防士のように公の職務についていた人のみが医療保障されるのみで、ニューヨークに駆けつけボランティアで救助に参加した人々の場合は、仕事が出来ない程の症状が出ていながら何の特別の保障も受けることができないで苦しんでいるという現状があるという。悲惨な出来事へ自ら選択して善意の行動を起こした人々は、その当時は彼等をヒーローと称えたメディアや政治家も助けてくれない中で、今や放っておかれる。それでも「生きる」ことをやめないでいる人々も、今後どのように生きていくのだろうと思わざるを得ない。

　さらに特定の出来事を受け止める側の無関心は、たとえ出来事を伝えたいと思う人々により映画化された後でさえ変えることができない事実として存在する場合がある。前述した9.11に関する二本の映画と同じように実話の映画化であり、2004年から2005年にかけて世界各地の賞を取り話題になった『ホテル・ルワンダ』がその例となろう。1994年のアフリカのルワンダでの100万人以上が短期間で殺された民族浄化の悲劇と、そこに実在し1200人の人々の命を救った人物のヒロイックな行動を描いた優れた映画として、世界で高い評価を得ながらも、採算性という点で日本公開は見送られるところであった。この映画を多くの人たちに観てもらいたいと願う人々の運動で公開に漕ぎ着けはしたが、こうした映画は公開さえされないことがあるという事実が、結局、世界が選択するように思われる出来事の記憶の留め方の不公平さ、ひいては、ま

さに出来事そのものの不公平さを示すことだと感じられる。

　虚構世界は、普遍的な形で人間の直面する出来事を提示することができ、それゆえに何時何処でも人々がそれに接して変わることもあり得るという可能性をいつでも持ち得ると思うのである。そして、その点で、小説というメディアに、その可能性が一番あるのかもしれない。多額の資金が製作に必要とされるメディアでは、往々にしてそれを持たない弱者への公平性が欠けてくることは考えられる。例えば、同じように虚構世界を扱うことができる映像、特に映画は確かに大きな影響力を持つが、製作に組織と資金を必要とするために、扱われる虚構世界の選択そのものに公平性が欠けることが起こる。受け取る側にも同じことが言える。日本で大々的に上映されるアメリカ映画は多くても、他国の映画はミニシアターで上映され、ほとんどの人々の話題にものぼらないことが多いようなものである。さらに映画は、時には虚構世界と現実世界の区別が曖昧なまま、人々に「真実」を提示し、ほぼ完全に信じ込ませることができるという点で、ある種の巨大な危険性をいつも秘めている。こうした点では、ささやかな一編の小説の中の架空の人々の織り成す「虚構世界」の提示の方が公平だと考えるし、そこに大きな希望を持てるのではないだろうか。「ある日、ある時、ある場所で、ある人が、あることをする」――その「虚構世界」の中に、「現実世界」では気づけなかったことに素直に気づく機会を私達は与えられるかもしれない。そして、「ある」という条件のために、何の偏見も抱かないゆえに、むしろ公平な気持ちで、そこから普遍的な人間のあり方までを考えていくことができるかもしれない。

　前述した小説のハツエの夫の裁判で、偏見に囚われ、決定的な証拠もないにも関わらず、日系人である彼の有罪を確信しているように振舞う検事による弁論の後、弁護士は彼の最終弁論で以下のように述べる。

> I am like a traveler descended from Mars who looks down in astonishment at what passes here. And what I see is the same human frailty passed from generation to generation. What I see is again and again the same sad human frailty. We hate one another; we are the victims of irrational fears. And there is nothing in the stream of human history to suggest we are going to change this. But—I digress, I confess

10章　赦し――出来事への赦しに到達したヒーロー――　*171*

that. I merely wish to point out that in the face of such a world you have only yourselves to rely on. You have only the decision you must make, each of you, alone. And will you contribute to the indifferent forces that ceaselessly conspire toward injustice? Or will you stand up against this endless tide and in the face of it be truly human?（pp. 418-419）
（私は、ここで起きていることを驚いて見下ろしている火星からの旅人のようなものです。私が見ているのは、世代から世代に受け継がれてきた同じ人間の弱さなのです。私たちはお互いを憎しみ合う、不合理な恐怖の犠牲者なのです。そして、私たちがこれを変えるであろうということを示唆するようなことが人間の歴史にはないのです。しかし、脱線しましたね、認めます。私は、ただ、こうした世界において、あなたが頼ることができるのは自分自身だけなのだということを指摘したいのです。つまり、あなたが、あなた方の一人一人が、決断を下さなければならない。不正義のために絶え間なく企む無関心な集団の助けとなろうとするのか、それとも、この終わりなき流れに立ち向かい、それに対峙して、真の人間であろうとするのか。）

　小説では、この言葉が陪審員に向けられているために、"each of you"、つまり「あなた方の一人ひとり」の決断だと特に強調して言っているとも取れよう。しかし、同時に、この言葉は、全ての人々一人ひとりに向けられていると感じるだけの感受性を私たちが持てる限り、そうではないのである。「現実世界」でも、一人ひとりが二つの選択を与えられている。出来事が選択肢を変えても、「不正義」の側に立つのか、出来事に対峙して「真の人間」であろうとするかという、二つの選択自体は、出来事に影響されることのない心で自分が選べるのである。出来事の過酷な偶然性に晒されながらも、出来事に影響されることのない心の奥底が自分に存在するということ――このことが重要なのである。そして2006年の夏のレバノンでも日本でも、自分の居る場所から選択しなければならないということを感じ取ることも可能なのである。こうやって、普遍的な人間のコミュニケーション問題への示唆を「虚構世界」から学び、「現実世界」にも応用することが私達はできると考えている。もし、その感受性さえ育てば、である。
　2時間ほど小説を読む間で感情移入できるのだから、現実の不正義の出来事にあう人々に感情移入する感受性そのものは私達の中に存在しているだろう。

小説のヒーロー達が、現実の世界のヒーローの反映であり、小説には、その高みを示すヒーローとヒーローを支える普通の人々が存在し得るのだから、私達にも、そうしたことをし得る人間としての可能性は内在しているのだろう。だから、「正義の実現が可能でない時・場所で起きた不正」に気づき、コミットできる者たちを、「虚構世界」と「現実世界」の両方を考察しながら育てていくことに大きな希望を託せるのではないかと、今の私は考えているのである。

## あとがき

　丁度一年前に母が逝った。その日、病室に座っていた私の鞄に入っていたのは *Alice's Adventures in Wonderland*<sup>(注1)</sup>（『不思議の国のアリス』）だった。読んでいる小説をいつも鞄に入れている私が、その頃読み直していたのが、それだった。昏睡状態になって入院し3日後に旅立つまで、母の意識が戻ることは一度もなかった。会話を交わすことができないまま別れとなって、私はアリスを思った。「アリスのように早く出てきて、私を安心させて」と何日も思い続けた。小説は、アリスの姉が、アリスが成長し、子どもの心は失わないままで、同じように子どもの悲しみも喜びも一緒に感じることができる女性になることを想像しているところで終わる。それは、私をあるがままに愛し、そして私の吐露する思いを同じように感じているかのようにまず受け止めてくれた母そのものであった。無邪気で、人への率直な好意とやさしい愛情にあふれていた、まさに小説のアリスが成長したらなるかもしれないような女性である母を、この自分が生きている世界で失ったことが、なかなか現実のものとは思えないで過ごした。

> Lastly, she pictured to herself this same little sister of hers would, in the after-time, be herself a grown woman; and how she would keep, through all her riper years, the simple and loving heart of her childhood; and how she would gather about her other little children, and make their eyes bright and eager with many a strange tale, perhaps even with the dream of Wonderland of long ago; and how she would feel with all their simple sorrows, and find a pleasure in all their simple joys, remembering her own child-life, and the happy summer day. (p.118)
> 
> （最後に彼女は妹のアリスを思い描きました。アリスもいつかは大人になり、実り豊かな月日の後にも、子ども時代の素朴な愛する心を持ち続けているでしょう。彼女も自分の小さな子どもたちを集め、多くの不思議なお話でその目を輝かせ夢中にさせるでしょう。そ

の中には遠い昔の「不思議の国」の夢もはいるかもしれません。子どもたちのすべての素朴な悲しみを共に感じ、子どもたちの素直な喜びに自分もまた喜びを見出すのでしょう。そして、自分の子ども時代を、そして幸せな夏の日を思い出すのでしょう。）

　時が経って、いつしか、母はアリスのように不思議の国に行って、ただアリスのようには帰らないだけで、そこにとどまる事にしたのだと思えるようになった。"a curious dream"といって眠りから起きてほしかったけれど、長期にわたる、移動も困難な不自由な闘病生活で、一瞬はそう思ったかもしれない"dull reality"の中ではなく"a wonderful dream"の中に今はずっといて自由に動いているのだと思う。そう小説の言葉を断片的に思いながら、母を思うことが、私の救いになっていることにも気がついた。今頃「不思議の国」で、色んな楽しい経験をしているのだと信じている。元気な頃の母は、料理が本当に好きで得意で、毎日食卓一杯に綺麗に並べられる食事と手作りのデザートやケーキが普通の当たり前のことなのだと思って私は育った。食堂の壁一面を占めている食器棚から食器を選んでは、料理と合わせるのを心から楽しんでいた母だから、今頃は、アリスのようにお茶会に座って、紅茶を味わいながら、出されたカップもじっくり眺めているに違いない。
　小説とは、その中だけに私達がとどまるなら、例えば、小説の中にのみ存在する人々や出来事であると意識したまま読み終えるなら、また、作者の執筆時の意図だけをおい、当時の時代や思想を理解するだけなら、狭い世界のままである。でも結局優れた小説は、読者がその狭い世界だけにとどまることを、必然的に許さなくしているのである。時と文化を超えて、私達が普遍的に直面するコミュニケーション問題と関わりあってくるのである。小説の内容が、どれだけ外の世界に出ていくかは、まずは、その小説の力によるのであり、同時に、それを読む者の思いによるのであろう。強い社会への問題意識を持つことを要求されるゆえに、学問として一生かけて研究していく意味があるとして選んだ「異文化コミュニケーション」と、幼い頃から自分にとって「より良く生きる」という意味で欠くことができない大切な行為となっている「小説を読むこと」をあわせ、現代の世界について積極的に考えていき、共生のためのあり

方を求めながら、学びの場で学生と分かち合うことができたらと、そう願っている。この本は、その一歩である。少しずつ歩んでいきたい。

　本書の出版には、平成18年度安田女子大学研究助成費を頂いています。安田實理事長、吉野昌昭学長、並びに、大学関係各位に、深く感謝の意を表します。

　また、本書の発行に際してお世話になった大学教育出版の佐藤守氏、及び安田愛さんに、心より御礼を申し上げます。

　今は「不思議の国」の住人でいるアリスに、最後に伝えたくても伝えられなかった感謝の思いと共に、このささやかな本を捧げたいと思います。

In a Worderland they lie,
Dreaming as the days go by,
Dreaming as the summers die:

Ever drifting down the stream—
Lingering in the golden gleam—
Life, what is it but a dream?

(注2)

2006年夏の終わりに

青木順子

## 注

**1章**
(1) ホール、E. T.　国広正雄、他（訳）『沈黙の言葉』南雲堂、1966、pp.39-40.
(2) ホール、E. T.　岩田慶治、他（訳）『文化を超えて』TBSブリタニカ、1993、pp.27-28.
(3) サモーバー、L. E.　他、西田司（訳）『異文化コミュニケーション入門』聖文社、1983、p.30.
(4) ホフステード、G.　岩井紀子、岩井八郎（訳）『多文化世界』有斐閣、1995、p.10.
(5) ホール、1993、pp.242-245.
(6) 青木保　『文化の否定性』中央公論社、1988.
(7) サイード、E. W.　今沢紀子（訳）『オリエンタリズム（下）』平凡社、1993、p.228.
(8) サイード、p.281.
(9) Golden, Aurthur. *Memoirs of a Geisha*, Vintage, 1998.
(10) 繭永信美　「他者としてのインド」『現代思想』vol.22-7、1994、pp.172-186.
(11) 繭永、p.173.
(12) Lahiri, Jhumpa. *The Namesake*, Houghton Mifflin, 2003.
(13) Lahiri, Jhumpa. *When Mr. Pirzada Came to Dine*, in *Interpreter of Maladies*, Houghton Mifflin, 1996, pp.23-42.
(14) Lahiri, Jhumpa. *The Third and Final Continent*, in *Interpreter of Maladies*, Houghton Mifflin, 1996, pp.173-198.

**2章**
(1) G. ベイトソン、佐藤悦子（訳）『精神のコミュニケーション』新思索社、1995、p.23.
(2) ベイトソン、p.230.
(3) ハヤカワ、S. I.　大久保忠利（訳）『思考と行動における言語』岩波書店、1885、p.100.
(4) Fielding, Helen. *Bridgt Jones's Diary*, Penguin, 1996.
(5) Fielding, Helen. *Bridget Jones: the edge of reason*, Penguin, 1999.（＊頁数の前に2を記す）
(6) 中村桃子　『ことばとフェミニズム』勁草書房、1995.
(7) Tannen, Deborah. *That is not What I mean*、金星堂、1987、pp.38-42.
(8) 中村、p.226.
(9) Tannen, pp.50-52.
(10) 山田富秋、好井裕明『排除と差別のエソノメトロジー』新曜社、1987、pp.222-250.
(11) 山田、他、p.245.
(12) Austen, Jane. *Pride and Prejudice*, Penguin, 1996.

## 3章

(1) ハヤカワ、S. I. 四宮満（訳）『言語と思想』南雲堂、1972、p.51.
(2) ハヤカワ、1972、pp.54-55.
(3) Cunningham, Michael. *The Hours*, Fourth Estate, 2003.
(4) 田中享英 「ソクラテスの正義とわれわれの幸福」『正義と幸福』哲学会（編）有斐閣、1994、pp.1-20.
(5) 田中、pp.1-2.
(6) 田中、p.19.
(7) 田中、pp.19-20.
(8) Guest, Judith. *Ordinary People*, Penguin Books, 1976.
(9) 岸田俊 『ものぐさ精神分析』青土社、1977、pp.288-298.
(10) ブーバー、マルティン、田口義弘（訳）『我と汝・対話』みすず書房、1978、p.224.

## 4章

(1) Green, Graham. *The Third Man*, Penguin, 1999.
(2) Green, p.9.
(3) Lahiri, Jhumpa. *A Temporary Matter* in *Interpreter of Maladies,* Houghton Mifflin, 1996, pp.1-20.
(4) Capote, Truman. *Breakfast at Tiffany's*, Penguin, 1961.
(5) バフチン、B. H. 桑野隆（訳）『マルクス主義と言語哲学』未来社、1976、pp.129-130.
(6) 志村史夫 『体験的・日米摩擦の文化論』丸善、1992、p.81.

## 5章

(1) サモーバー、他、p.221.
(2) サモーバー、他、pp.219-220.
(3) 佐々木正人 『からだ：認識の原点』東海大学出版会、1987、p.150.
(4) ペティグリュー、T. F. 今野敏彦・大川正彦（訳）『現代アメリカの偏見と差別』明石書店、1985.
(5) リップマン、W. 掛川トミ子（訳）『世論』岩波書店、1987、p.130.
(6) ペティグリュー、p.18.
(7) Brown, Amanda. *Legally Blonde*, Time Warner, 2003.
(8) "Quintessential material girl turns 40—without a wrinkle." *The Daily Yomiuri*, March 13, 1999.
(9) ロード、M. G. 実川元子・野中邦子（訳）『永遠のバービー』キネマ旬報社、1996、p.337.
(10) "Quintessential material girl turns 40—without a wrinkle."

⑾　"Quintessential material girl turns 40—without a wrinkle."
⑿　"HI There, Dollface. You look Like Someone We know," *Newsweek*, 1988.
⒀　ロード、p.178.
⒁　Toole, F. X. *Million Dollar Baby*, Harper Collins, 2000.
⒂　江原由美子　『装置としての性支配』勁草書房、1995、pp.313-324.

**6章**

⑴　ホリンデイル、ピーター、猪熊葉子（監訳）『子どもと大人が出会う場所—本のなかの「子ども性」を探る』柏書房、2002、pp.20-21.
⑵　ホリンデイル、p.22.
⑶　佐々木胖　「私たちはどう『間違って』いたのか」『認識と文化』福井勝義（著）東京大学出版会、1991、pp.224-225.
⑷　Milne, A. M. *The House at Pooh Corner*, Puffine, 1992.
⑸　Barrie, J. M. *Peter Pan*, Bantam Book, 1985.
⑹　Rowling, J. K. *Harry Potter and the Philosopher's Stone*, Bloomsbury Publishing, 1997.
⑺　Baum, L. F. *The Wonderful Wizard of Oz*, Dover Publications, 1996.
⑻　Ishiguro, Kazuo. *Never Let Me Go*, Faber and Faber, 2005.

**7章**

⑴　サモーバー、他、pp.170-171.
⑵　我妻洋・米山俊直　『偏見の構造』NHK出版、1985、pp.192-227.
⑶　佐々木正人　『からだ：認識の原点』東海大学出版会、1987、p.150.
⑷　Proulx, Annie. *Brokeback Mountain*, Dead Line, 1997.
⑸　K. Burke. *Myth, Poetry and Philosophy*, University of California, 1966, pp.380-409.
⑹　山口昌男　『文化と両義性』岩波書店、1975、p.81.
⑺　Le Guin, Ursula K. *The Left Hand of Darkness*, Ace, 1969.
⑻　Szasaz, T. S. *The Myth of Mental Illness*, N. Y. 1961, pp.208-209.
⑼　山口、pp.125-126.
⑽　山口、p.82.
⑾　柄谷行人　『探求Ⅰ』講談社、1992、p.11.
⑿　柄谷、p.46.

**8章**

⑴　本章で論じた正義についての考察は、以下の論稿を基に発展させたものである。『異文化コミュニケーション教育における「正義」の扱い』青木順子、大学教育出版、2004、

pp.1-24.
(2) 加藤尚武 『ヘーゲルの法哲学』青土社、1993、p.149.
(3) 加藤、p.168.
(4) 加藤、p.148.
(5) 加藤、p.168.
(6) 井上達夫 『共生の作法－会話としての正義』創文社 1986、pp.51-52.
(7) 井上、1986、p.53.
(8) 井上、1986、p.53.
(9) 井上、1986、p.53.
(10) 井上、1986、p.115.
(11) 井上、1986、p.116.
(12) 井上、1986、p.116.
(13) 井上、1986、p.117.
(14) 木村修 「正義のヒーローは組織をはみ出す」『正義とは何か　テレビ・マンガヒーローたちの正義学概論』福昌堂　1996　pp.74-87.
(15) 木村、1986、p.87.
(16) デコンブ、V.　高橋充昭（訳）『知の最前線』TBSブリタニカ、1983、p.234.
(17) デコンブ、p.234.
(18) デコンブ、p.232.
(19) デコンブ、p.232.
(20) アーレント、H.　志水速雄（訳）『人間の条件』筑摩書房、1994、pp.302-303.
(21) アーレント、1994、p.30.
(22) アーレント、1994、p.313.
(23) アーレント、1994、pp.292-293.
(24) アーレント、1994、p.292.
(25) Tolkien, J. R. R. *The Two Towers* (*The Lord of The Rings Part 1*), Harper Collins, 1999.
(26) "Time Special Issue" April 18, 2005.
(27) "Time Special Issue" p.74.
(28) Tolkien, J. R. R. *The Fellowship of the Ring* (*The Lord of The Rings Part 1*).
(29) 木村、p.87.
(30) コーン、J. H.　梶原寿（訳）『夢か悪夢か・キング牧師とマルコムX』日本基督教団出版、1996、p.131.
(31) "Time Special Issue" p.67.
(32) "Time Special Issue" p.75.
(33) マンデラ、N.　安藤龍男（訳）『自由への長い道－ネルソン・マンデラ自伝（下）』日本

放送教会、1996、p.443、p.446.
㉞　トドロフ、T.　宇京頼三（訳）『極限に面して』法政大学出版局、1992、p.181.
㉟　Tolkien, J. R. R. *The Return of the Ring* (*The Lord of The Rings Part 3*), Harper Collins, 1999.

**9章**

(1) 本章で論じたローズの正義論は、以下の論稿を基に発展させたものである。『異文化コミュニケーション教育における「正義」の扱い』青木順子、大学教育出版、2004、pp.104-128.
(2) 井上達夫『共生の作法──会話としての正義』創文社、1986、pp.51-52.
(3) 『現代正義論』（碓井敏正　青木書店、1998.）を参照して、簡単にまとめると、以下のようになる。哲学のテーマとして、正義を追求した最初の哲学者であるアリストテレスは、彼の師であるプラトンが正義を善として第一の徳目としたように、正義を第一の徳目とする。その正義は、完全な徳としての一般的正義と均等に関わる特殊的正義に分かれ、その特殊正義を、配分的正義と交換的正義、そして矯正的正義に分類する。部分的正義は、次節で挙げるロールズ、そして多くの現代正義論、が扱った正義概念である。ただし古代ギリシアでは、個人の価値や能力に応じることが正義であったので、配分的正義を問題とする現代正義論の扱う「交換的正義の実行が生み出す結果としての富の格差が、人間の基本的平等を危うくするという状況」（p.125）での正義とは性質が異なってくる。交換における正義を扱う交換的正義については、アリストテレスは異質な交換物が等価値で交換される時に正義となるとするだけである。交換者当事者の契約によって行う交換では、本質的に平等を損なう傾向を有してしまう点は見過ごされ、交換的正義が不平等に拡大するという現代の自由主義社会で中心的な交換的正義の抱える本質的な問題というのは論じられてはいない（p.128）。矯正的正義は、存在している比例関係を侵害した時、加害者と被害者の相互の関係において、不当な利益と損失とを整合し、原状に戻すときの正義である。アリストテレスは、ここでもこの正義の抱えることになる問題自体は論じていない。戻されるべき原状自体が、「人間間のあるべき関係にかなっているか」という課題──原状が元々正義を実現できない関係であるのであれば、戻したことで正義がまっとうされるわけではなくなるという問題──である（p.128）。ホッブス以来、ヒューム、スミスなどの近代の思想家は、「私的所有の維持、確保」に正義があるとしてきたが、ルソーは、こうした私有財産制が正義の規則を必要とさせたとする立場をとる（p.138）。ヘーゲルは、3つの側面からなる市民社会を説明し、「要求の体系」としての市民社会、私的所有の司法的活動による保護、そして、市民社会が持つ「偶然性（生まれや肉体的条件）」ゆえに引き起こされる不平等は、形式的な自由と機会の保障だけでは解決できず、個人の福祉が必要とされるという第3の側面を挙げている（pp.139-140）。
(4) 碓井敏正『現代正義論』青木書店、1998、p.71.

(5) ロールズの正義は優先順位で並べられている原理からなっている。(第一原理) 各人は、全ての人の同様な自由の体系と両立する平等な基本的自由の全体体系を最大限度までもつ平等な権利を有するべきである。(第二原理) 社会的、経済的不平等は、それらが次の両者であるように取り決められるべきである。(a) 正義に適う貯蓄原理と矛盾せずに、最も恵まれない人の便宜を最大化すること。(b) 公正な機会の均等という条件の下で、全ての人に解放されている職務や地位に付随していること。この2原理の優先順位にはルールがあり、第一の優先順位のルール (自由の優先)――正義の原理は、辞書的順位で序列がつけられる。それ故、基本的諸自由は自由のためにしか制約されない。これには、二つの場合がある。(a) それほど拡張的でない自由は、全ての人によって分有されている諸自由の全体体系を強化するのでなければならない。(b) 平等な自由より少ない自由は、自由がより少ない人々にとって受け入れることができるのでなければならない。第二の優先順位のルール (効率性や福祉に対する正義の優先)――正義の第二原理は、効率性の原理や有利性の総計の最大化という原理に、辞書的な意味で、優先する。そして、公正な機会は、格差原理に優先する。これには、二つの場合がある。(a) 機会の不平等は、機会のより少ない人々の機会を高めるのでなければならない。(b) 過剰な貯蓄率は、この困難を負う人々の負担を、差し引きしてみて、緩和するのでなければならない。(『正義論』J. ロールズ 矢島鈞次 (他) (訳) 紀伊国屋書店、1979、p.232.)

(6) 碓井、p.156.
(7) 井上達夫 『他者の自由』創文社、1999、p.12.
(8) 井上、1999、p.12.
(9) ロールズ、J. 矢島鈞次 (他) (訳)『正義論』紀伊国屋書店、1979、p.13.
(10) ロールズ、1979、p.105.
(11) ロールズ、1979、p.105.
(12) ロールズ、1979、pp.105-106.
(13) ①正義の原理は公的なもので、「制度的形態」を、構成員が持っている愛情や仲間意識という絆に付加えることで、連帯に役立つことになり、反対から言えば、正義感覚を捨て去れば、共同体を損ない、それゆえ友人、仲間を損なうことになる。これは、できれば避けたいこととして認識されるだろう。②正義の原理によって公的に秩序づけられた社会全体が、私達が分かち合いたい善の一つであり、そうであれば、私達の正義感覚を保つことは重要である。③正義に従って行動したいという願望と、人間として我々が本質を表現することは、実質的には同じ願望である。(『ロールズ「正義論」とその批判者たち』Ch. クカサス、Ph. ペティット 勁草書房、1996, pp.83-85.)
(14) 森末伸行『正義論概説』中央大学出版、1999.
(15) 森末、p.131.
(16) 森末、pp.131-132.
(17) 森末、p.132.

(18) 土屋恵一郎 『正義論自由論』岩波書店、2002、p.287.
(19) 土屋、p.287.
(20) 土屋、p.46.
(21) 土屋、pp.46-47.
(22) Ch. クカサス、Ph. ペティット　山田八千子（訳）『ロールズ「正義論」とその批判者たち』勁草書房、1996, p.146.
(23) クカサス、p.158.
(24) クカサス、p.162.
(25) クカサス、p.162.
(26) クカサス、pp.162-163.
(27) クカサス、p.165.
(28) 碓井、p.171.
(29) 碓井、p.171.
(30) 井上、1999、pp.126-127.
(31) 井上、1999、p.191.
(32) 井上、1999、pp.193-194.
(33) 井上、1999、p.194.
(34) 井上、1999、p.227.
(35) 土屋、p.100.
(36) 「自分がどの国に生まれ、どんな政治状況のもとに生まれるかについて、まったく無知であった場合、私たちは、必ず、平等な自由への権利をすべての国に求めるだろう。自分が抑圧され、抹殺されるような国家、民族がこの世には存在しないことを求めるだろう。また当然に、1つの国家、1つの民族が、理不尽にも抹殺されてしまうようなことがないことを求めるだろう。国家の内側でも、国家間の関係のうちでも、正義の原理が貫かれることを求めるだろう。つまり、自分がたまたま受けた民族的有利を自明のこととすることなく、他の民族がこうむっている苦難も、自分にとっては、自分がこうむりえることもありえたものとして、受けとめることになる。」（『正義論自由論』　土屋恵一郎　岩波書店、2002、p.133.）
(37) 田中成明『公正としての正義』木鐸社、1979、p.214.
(38) 田中、p.208, p.213.
(39) 田中、p.219.
(40) サイード、E. W.　中野真紀子・早尾貴紀（訳）『戦争とプロパガンダ』みすず書房、2002、p.52.
(41) サイード、p.52.
(42) 「アラファトが一度も理解したことがないと思われるのは、わたしたちは、これまでも現在も、正義と解放の原則を代表し、象徴し、その体現として支持されている1つの運動な

のだということだ。このことだけが、イスラエルの占有からみずからを解放することをわたしたちに可能にさせる」(『戦争とプロパガンダ』E. W. サイード、p.72.)

(43) ロールズ、p.3.
(44) Jones, Wynne Diana. *Howl's Moving Castle*, Harper, Collins, 1986.
(45) "Miyazaki provides another howling good time" *Daily Yomiuri*, November 18, 2004.
(46) "A 'Positive Pessimist'" *Newsweek*, June 27, 2005.
(47) 赤坂憲雄 『異人論序説』筑摩書房、1992、p.21.
(48) 赤坂、p.22.
(49) 赤坂、p.22.
(50) 「あらゆる共同体、または人間の形造るすべての社会集団は、共同性の位相からながめるならば、こうした＜異人＞表象＝産出、そして内面化された供養としての制度によって制御されている、とかんがえられる。たえまなしに再生・反復される共同体の深部には、ただひとつの例外もなく、社会・文化装置として＜異人＞という名の"排除の構造"が埋め込まれ、しかも、同時にその存在自体がたくみに秘め隠されている。」(『異人論序説』赤坂憲雄 筑摩書房、1992、pp.22-23.)
(51) 井上、1999、p.227.
(52) ブランショ、M. 西谷修（訳）『明かしえぬ共同体』筑摩書房、1997、p.202.
(53) ブランショ、p.202.
(54) デリダ、J. カプート、J. D.（編）高橋透他（訳）『デリダとの対話』法政大学出版、2004年、p.188.
(55) デリダ、カプート、p.169.
(56) デリダ、カプート、p.167.

## 10章

(1) アームソン、J. O. 雨宮健（訳）『アリストテレス入門』岩波書店、1998、p.31.
(2) アームソン、p.32.
(3) Guterson, Davic. *Snow falling on Cedars*, Vintage Books, 1995.
(4) 大澤真幸 『文明の内なる衝突』日本放送出版、2002、pp.232-233.
(5) 大澤、pp.234-235.
(6) 大澤、pp.233-234.
(7) 大澤、p.226.
(8) アーレント、H. 大久保和郎（訳）『イエルサレムのアイヒマン』 みすず書房、1969、p.213.
(9) アーレント、1969、p.215.
(10) 高橋、1999、pp.106-107.
(11) アーレント、1969、p.215. pp.213-214.

⑿　崎山政毅、田崎英明、細見和之　『歴史とは何か』河出書房新社、1998, p.94.
⒀　崎山、他、p.99.
⒁　崎山、他、p.89.
⒂　崎山、他、p.134.

## あとがき

(1) Carroll, Lewis. *Alice's Adventures in Wonderland*, Martin Gardner, 2000, p.118.
(2) Carroll, Lewis. *Through the Looking-Glass*, Martin Gardner, 2000, p.239.

■著者紹介

青木　順子　（あおき　じゅんこ）

広島大学教育学部卒業。
米国イリノイ州立南イリノイ大学言語学科修士。
同大学教育学部カリキュラム・インストラクション・メディア学科博士課程修了。
教育学博士（Ph. D.）
現在、安田女子大学文学部英語英米文学科助教授。
専門は、異文化コミュニケーション、異文化コミュニケーション教育、カルチュラル・スタディーズ。

主な著書

『異文化コミュニケーションと教育』（1996、渓水社）
『異文化コミュニケーション教育──他者とのコミュニケーションを考える教育』（1999、渓水社）
『異文化コミュニケーション教育におけるヒーロー』（2001、大学教育出版）
『異文化コミュニケーション教育における「正義」の扱い』（2004、大学教育出版）

e-mail：aoki-j@yasuda-u.ac.jp

---

「虚構世界」と「現実世界」
──「小説を読む」と「異文化コミュニケーションを学ぶ」を繋ぐ──

2007年3月30日　初版第1刷発行

■著　　者────青木順子
■発　行　者────佐藤　守
■発　行　所────株式会社 大学教育出版
　　　　　　　〒700-0953　岡山市西市 855-4
　　　　　　　電話（086）244-1268　FAX（086）246-0294
■印刷製本────モリモト印刷㈱
■装　　丁────原　美穂

© Junko AOKI 2007, Printed in Japan
検印省略　　落丁・乱丁本はお取り替えいたします。
無断で本書の一部または全部を複写・複製することは禁じられています。
ISBN978-4-88730-749-0